HEYNE
HARD
CORE

JENS WESTERBECK

HERR WESTERBECK UND SEINE BELEGE

Ein Mann heftet ab

WILHELM HEYNE VERLAG
MÜNCHEN

Unter www.heyne-hardcore.de finden Sie
das komplette Hardcore-Programm,
den monatlichen Newsletter sowie unser halbjährlich
erscheinendes CORE-Magazin mit Themen
rund um das Hardcore-Universum.

Weitere News unter facebook.com/heyne.hardcore

FSC www.fsc.org
MIX
Papier aus verantwortungsvollen Quellen
FSC® C014496

Verlagsgruppe Random House FSC® N001967
Das für dieses Buch verwendete
FSC®-zertifizierte Papier *Schleipen*
liefert Papierfabrik Schleipen, Bad Dürkheim.

Redaktion: Hanka Jobke
Umschlaggestaltung: Nele Schütz Design, München
Foto Umschlagrückseite: © Foto Weil, Bünde
Satz: Leingärtner, Nabburg
Druck und Bindung: GGP Media GmbH, Pößneck
Printed in Germany
ISBN: 978-3-453-26921-7

www.heyne-hardcore.de

Für Keegane und Bendix.

War doch bisher eine ganz lustige Zeit,
hoffentlich bleibt das noch lange so.

»Bezahlen, wenn man Geld hat,
das ist keine Kunst:
Aber bezahlen, wenn man keines hat,
das ist eine Kunst, lieber Mann,
die ich erst noch lernen muss.«

ERNST ELIAS NIEBERGALL

GUTEN TAG. MEIN NAME IST JENS WESTERBECK.

Da wir die nächsten Stunden gemeinsam verbringen werden, empfinde ich es gewissermaßen als meine Pflicht, mich Ihnen vorzustellen. Außerdem ist damit auch die schwierige Aufgabe des so wichtigen ersten Satzes bewältigt. Wie viele Beinahe-Schriftsteller kenne ich, die nur deshalb noch keinen Roman geschrieben haben, weil ihnen partout der erste Satz nicht einfallen will. Dabei ist es so einfach. Jeder Autor sollte sich zu Beginn der Lektüre seinen Lesern vorstellen. Und wenn man wie ich die Grußformel von der Namensnennung durch einen Punkt trennt, hat man streng genommen sogar schon zwei Sätze.

Wenn Sie jetzt denken: »Das geht ja gut los mit der Klugscheißerei«, so bitte ich um Verzeihung. Ich komme aus dem Ostwestfälischen in der Nähe von Bielefeld und bin einfach nicht so der lockere T-Shirt-Typ wie viele der ultrahippen Großstädter meines Alters. Ich trage mit Vorliebe ein dunkelblaues Sakko mit goldenen Knöpfen samt Einstecktuch, und dazu eine graue Flanellhose. Auf karierte Golfhosen, lederbepatchte Cordsakkos und Schiebermützen verzichte ich seit geraumer Zeit meiner Frau zuliebe. Gegen ihr Argument, dass sie dann auch gleich jemanden aus der Oetker-Familie hätte heiraten können, komme ich einfach nicht mehr an.

Ich würde mich selbst als konservativ bezeichnen – und zwar im positivsten Sinne. Ich begrüße Menschen gern mit einem Handschlag, aber ein halbes Hähnchen esse ich nur mit Messer und Gabel.

Neben meiner Frau leidet noch unser gemeinsamer Sohn unter meinen Anzieh- und Essgewohnheiten. Mit seinen acht Jahren ist es ihm sichtlich peinlich, wenn am Wochenende auf dem Bolzplatz die anderen Väter ihren Kindern im Trikot zujubeln, während ich danebenhocke und mich darauf konzentriere, dass der oberste Knopf des Sakkos verschlossen bleibt.

Jetzt haben Sie eine ungefähre Vorstellung von mir und meiner Familie. Sie, liebe Leser, finde ich im Übrigen grundsympathisch, schon allein deshalb, weil Sie sich für dieses Buch entschieden haben. Besten Dank. Der Vollständigkeit halber sei noch erwähnt, dass meine Frau und ich Mitte dreißig und seit knapp fünfzehn Jahren miteinander verheiratet sind. In der Regel schrecken die Menschen an dieser Stelle meiner Lebensgeschichte auf: »Da stimmt doch was nicht! Mitte dreißig, achtjähriges Kind und fünfzehn Jahre in erster Ehe?« Das klingt zugegebenermaßen eher nach einer Geschichte aus den Siebzigern als aus den verrückten 2000er-Jahren. Stimmt aber alles.

Neben meinen fünfzehn Ehejahren bin ich ein weiteres, wesentlich größeres Abenteuer eingegangen. Seit exakt derselben Zeit bin ich Unternehmer. Zum Leidwesen meiner Frau und meiner Bank ist es mir nie gelungen, am ganz großen Rad zu drehen, aber immerhin stehe ich meiner eigenen GmbH als Geschäftsführer vor, bin Inhaber eines Gewerbebetriebs und gehe einem Freiberuf nach. Seit fünfzehn Jahren hefte ich mein Leben in steingrauen *Leitz*-Ordnern ab. *Herr Westerbeck und seine Belege* ist das vorläufige Ergebnis, zu dem es wie folgt kam:

Meine schulische Laufbahn begann mit dem verheißungsvollen Besuch eines Gymnasiums. Allerdings blieb ich nur bis zur zehnten Klasse. Als es dann plötzlich ernst wurde, machte ich die Biege. Der Schulstoff war mir zu theoretisch, das Abitur zu weit weg, und nebenbei hatte ich bereits erste Berufserfahrung im Obst- und Gemüsegeschäft meiner Eltern gesammelt. Ab dem zarten Alter von zwölf Jahren besserte ich dort regelmäßig meine Ferienkasse auf, indem ich statt einer Orange zu 30 Pfennig lieber drei zum Preis von 1 Mark verkaufte. Somit wollte ich die Schulbank schnellstmöglich mit dem Arbeitsmarkt tauschen. Meine Eltern konnten mich aber überreden, wenigstens noch zwei Jahre die Höhere Handelsschule zu besuchen, um an ein Fachabitur zu gelangen.

Die Handelsschule war ein absoluter Volltreffer: »Soll an Haben«, »Forderungen an Umsatzerlöse« und »Frau Niedermeyer bitte an Kasse 3!« – zum ersten Mal in meinem Leben machte mir die Schule Spaß. Volkswirtschaft, Betriebswirtschaft und Buchhaltung wurden zum *Wetten, dass ..?* meiner Jugend.

Im Anschluss stellte ich meine frisch erlernte Zahlenbumserei in einer Ausbildung zum Industriekaufmann praktisch unter Beweis. Der Betrieb beschäftigte neben mir noch gut fünfhundert andere Personen, und ich sah zum ersten Mal, wie aus einem Rohstoff ein Produkt, aus einer Kalkulation ein Preis und aus einer Ausgangsrechnung Lohn wurde, der dann bei mir auf dem Konto landete. Toll! Und das alles unter dem Zischen, Dampfen und Knistern von Maschinen in der Werkhalle beziehungsweise dem uhrwerkähnlichen Verwaltungsapparat mit seinen reservierten Parkplätzen für die Geschäftsleitung. Während meiner Ausbildung verstand ich das System endgültig. Ich entschlüsselte den Code. Ich sah das Licht.

Letzteres ist natürlich Unsinn, ich wollte diesen Satz nur so gern mal schreiben. Aber Sie können sich das ruhig so vorstellen: Man guckt unentwegt von oben auf ein Labyrinth, und dann, ganz plötzlich, entdeckt man den Weg. Einmal gesehen, prägt er sich für immer ein. Von da an war mir endgültig klar: Ich will ein Kaufmann werden!

Getreu dem ostwestfälischen Motto »Gesagt, getan«, machte ich mich nach der Ausbildung 1999 selbstständig. Entgegen meiner damaligen Ausbildungsromantik muss ich heute allerdings feststellen, dass ich weder über einen reservierten Parkplatz noch über diesen Code verfüge, den ich entschlüsselt geglaubt hatte. Dafür hatte ich allerlei anderes, insbesondere viel Spaß. Ich handelte mit Fliesen, vermittelte Dienstleistungen und drehte durchgeknallten Millionären Luxusjachten an.

Das unterscheidet den Unternehmer vom Ehemann: Er ist frei wie ein Vogel. Die Gemeinsamkeit besteht darin, dass für einen Ehemann 1 Euro genauso wie für den Unternehmer nur 50 Cent wert ist. Da ich beides bin, können Sie sich ausrechnen, was für mich übrig bleibt – richtig: gar nichts. Seit fünfzehn Jahren plage ich mich mit Abgaben, Steuern und Belegen rum, vor denen mich auf der Schule niemand gewarnt hat.

Ich habe in dieser Zeit aber auch eine gesellschaftliche Veränderung im Umgang mit Unternehmern erfahren. Ende der Neunziger fühlte man sich als steuerpflichtiger Kleinunternehmer wie der letzte Depp. Man konnte kaum die Sauna besuchen, ohne entweder einen sprichwörtlich heißen Aktientipp Richtung Multimillionär zu bekommen, oder es wurden Steuertricks von Leuten aufgegossen, die kurze Zeit später mit heruntergelassenen Hosen dastanden:

»Stell dir 'ne Stechuhr nebens Bett, dann kannst' es als Arbeitszimmer absetzen!«

Nach dem Zusammenbruch der New Economy Anfang 2000 kam die Bankenkrise, damit einhergehend eine Aktienkrise, dann die Eurokrise, und jetzt stecken wir in der Schuldenkrise. Im Grunde genommen kenne ich nichts anderes als Krisen. Außer in meiner Ehe. Jedenfalls noch nicht.

Nach fünfzehn Jahren tritt aber eine Art Gelassenheit ein. Und jedem, der am deutschen Abgabenwahnsinn verzweifelt, kann ich nur empfehlen, mal vierzehn Tage mit dem Fahrrad durch Bangladesch zu fahren. Oder in Uruguay ein Auto zuzulassen. Oder in der Mongolei höflich nach Wohngeld zu fragen, falls es mal eng wird. Insbesondere in der Eurokrise konnte man gut erkennen, dass wir mit unserem System gar nicht so schlecht fahren, und ganz allein kann ich mit dieser Meinung nicht sein. Sonst hätten sich Konzerne wie die Deutsche Bank nicht eine neue Leitkultur verpasst und die Gier verdammt. Dass das nun ausgerechnet mit einem Inder im Vorstand passiert, ist an Witz kaum zu überbieten, aber so kann er zumindest in Mumbai keine neue Textilfabrik eröffnen.

Immerhin gut ein Viertel der Deutschen wäre laut einer Forsa-Umfrage bereit, mehr Steuern zu zahlen.[1] Wenn man bedenkt, dass wir bisher als Nation galten, die sich lieber um die Minderung ihrer Steuerlast als um die Mehrung von Kindern kümmerte, ist das schon erstaunlich.

Steht uns eine moralische Steuerwende bevor? Folgen dem Beispiel Uli Hoeneß zahlreiche Sünder und wollen ihre Schuld begleichen? Wird in den Fußballstadien bald gesungen: »Steht auf, wenn ihr Steuern zahlt«? Feiert der ehrbare Unternehmer sein Comeback? Wird mein Sohn eines Tages stolz »Der da hinten, mit dem dunkelblauen Sakko – das ist mein Papa!« rufen?

Ich würde mich freuen. Und nicht nur wegen meines Sohns.

In diesem Buch möchte ich gemeinsam mit Ihnen die letzten Jahre meines persönlichen Belegewahnsinns durchgehen und Buchstabe für Buchstabe klären, ob 41 kleine Weizen, 3 Wodka und 1 Schokotörtchen als steuerlich absetzbare Bewirtung durchgehen oder in der privaten Krankenversicherung als außergewöhnliche Belastung anzusiedeln sind.

Steuern und Abgaben sind im Grunde genommen nichts Schlechtes – solange sie sinnvoll eingesetzt und von allen gezahlt werden. Es gab mal eine bundesweite Werbekampagne mit dem

Slogan: »Du bist Deutschland!« Dazu kann ich nur sagen: Besten Dank, ich hab die Scheiße ja auch bezahlt.

A

wie Ab|schrei|bung, die

In der Berufsschule erklärte mein Lehrer für Rechnungswesen die Abschreibung so: »Eine Abschreibung dient dazu, den Wertverlust eines Vermögensgegenstands, zum Beispiel den eines Firmenwagens, buchhalterisch zu erfassen. Der Wertverlust kann durch gewöhnliche Gründe – zum Beispiel durch Verschleiß – oder durch außergewöhnliche Gründe – zum Beispiel durch einen Unfall – verursacht werden. Die Abschreibung wird als Aufwand in der Gewinnermittlung berücksichtigt und mindert dadurch den zu versteuernden Gewinn.«

In der Eckkneipe aus dem Mund des örtlichen Fliesenlegers klingt das dann so: »Den dicken Schlitten fahre ich doch nur, weil ich ihn abschreiben kann!«

Man kann auf alles und jeden abschreiben. Weitestgehend unabhängig von der Realität. Die Abschreibung ist so etwas wie der Dachboden des Unternehmers. Entweder findet er unverhofft Millionenwerte in der eigenen Bilanz, die dort mit einem Erinnerungswert von 1 Euro stehen, oder er glaubt, Millionenwerte zu besitzen, und kann froh sein, wenn ihm jemand 1 Euro für den Schrott gibt.

Neuerdings liest man immer öfter von unterbewerteten Firmen, in deren Bilanzen sich unvorstellbare Reichtümer verstecken sollen. Nur komisch, dass die Besitzer anscheinend nichts davon wissen. Fallen eigentlich trotzdem Steuern an, oder gilt gut versteckt als intelligent versteuert?

Es ist vollkommen egal, ob man Maschinen, die schief stehen, linear abschreibt, alte Autos einer progressiven Berechnung unterzieht oder einen Winkelschleifer geometrisch angeht – wichtig ist nur, dass ganz zum Schluss noch einer durchblickt. Und das gelingt in den seltensten Fällen. Herrlich, wie zum Beispiel die Banken in der Finanzkrise erschraken, als herauskam, dass ihre Vermögenspositionen in Wirklichkeit nichts wert waren. Außerplanmäßige Wertminderungen, flexible Bewertungsstichtage und Restbuchwerte unterhalb einer japanischen Fieberkurve lassen die Herzen einzelner Bilanz-Trickser höher schlagen, als deren Gehirne in den Körpern liegen, und ganz zum Schluss weint derjenige, der kurz mal nicht aufgepasst hat. Oder, um auf unseren Fliesenleger in der Eckkneipe zurückzukommen: »Du kannst beim Skat nur so hoch reizen, wie es dein Ramsch zulässt!«

Fazit: Papier und Bilanzen von Großkonzernen scheinen sehr geduldig zu sein. Aber warum gilt das für den Rest der Nation nicht? Jeder hat doch etwas zu Hause, das an Wert verliert – und wenn es die Figur der eigenen Frau ist.

Damit wäre der Anfang gemacht. Der soll ja mindestens genauso schwierig sein wie der erste Satz. Außerdem kann ich nach der letzten Bemerkung sicher sein, dass meine Frau nicht mehr mitliest und stattdessen den Auszug aus unserer gemeinsamen Wohnung organisiert. Da fällt mir ein, dass es in diesem Buch nicht nur um Steuern gehen soll. Es gibt weitere, zahlreiche Dinge im Leben, die in einem Beleg enden. Zum Beispiel die Mietnebenkostenabrechnung, die ich in Zukunft wohl allein begleichen muss. Oder der von Krankenversicherungen ausgehende Terror, mehr zusätzlich zu versichern, als man in Biologie an Körperteilen gelernt hat. Alle saugen an unserem Girokonto, als wäre es die stillende Brust einer jungen Mutter.

Auch möchte ich nicht nur die Unternehmer unter Ihnen ansprechen, wobei das Thema Abschreibungen *zugegebenermaßen sehr speziell ist. Sehen Sie es als Einstieg in einen Wahnsinn, der uns am Ende alle Kopf und Kragen kosten kann. Zum Beispiel, wenn Ihre Lebensversicherung feststellt, dass die Griechenlandanleihe in der Bilanz nicht mal das Fladenbrot wert ist, welches Herr Kaiser so gern auf der Akropolis gegessen hat. Die Großen schreiben ab, die Kleinen schreiben an. Immerhin dachten wir 60 Jahre lang, dass der Ouzo nach dem Essen umsonst sei – jetzt kommt halt die Rechnung.*

B

wie Be|wir|tungs|be|leg, der

Der Bewirtungsbeleg ist die Guerilla unter den Belegen. Guerilla ist Spanisch und bedeutet Kleinkrieg. Man muss aber nicht unbedingt beim Spanier sitzen, um in einen Hinterhalt zu geraten, der meist mit den Worten »So jung kommen wir nicht mehr zusammen!« anfängt. Bevor wir uns aber den hinterlistigen Angriffen von doppelten Schnäpsen, tieffliegenden Cocktails und auf Dauerfeuer gestelltem Rotwein widmen, sollten wir kurz klären, was der Gesetzgeber unter Bewirtungen versteht, die steuerlich in Abzug gebracht werden können.

(Solange wir noch nüchtern sind.)

Eine Bewirtung liegt vor, wenn Personen beköstigt werden und die Darreichung von Speisen und Getränken im Vordergrund steht. Idealerweise hat der Anlass noch etwas mit gewinnbringenden Geschäften zu tun, niemand am Tisch feiert Geburtstag, und Tiere zahlen selbst. Wenn diese Kriterien erfüllt sind, kann die Party eigentlich losgehen. Es gibt nur noch ein paar Eckpunkte, die zwingend auf den Beleg gehören: Ort, Tag, Teilnehmer, Anlass der Bewirtung und Höhe der Aufwendung. Und da das Ganze zeitnah auf den Zettel muss, sollte man sich auch nach der Bewirtung noch daran erinnern können. Konkret heißt das: Man sollte die Leute, die auf Firmenkosten in den Genuss einer Lokalrunde kommen, auch tatsächlich kennen oder zumindest im Internet mit ihnen befreundet sein. Ich persönlich fände es sehr interessant zu erfahren, nach wie vielen Facebook-Einträgen wie »Hans Meier – mit 26 weiteren Personen hier: Taverna Casa Inglesa« der Steuerberater sagen muss: »Dann nehmen Sie wenigstens den Sand aus dem Beleg!«

Und da sind wir beim nächsten Problem. Nicht nur der Bewirtende muss sich an ein paar Spielregeln halten, sondern auch die rechnungstellende Lokalität. Auf einem maschinell erstellten Beleg sollten sich zumindest die Anschrift der Gaststätte, die Steuernummer, eine ausgewiesene Mehrwertsteuer sowie genaue Mengen- und Warenangaben befinden, sonst nützen einem die ganzen Handyfotos mit den neuen Kneipenbekanntschaften gar nichts. Aber seien wir ehrlich: In Läden mit Registrierkasse schmeckt es doch nicht wirklich, und fragt man in der Strandbar nach einer ordentlichen Quittung, ruft einem der Chef aus der Küche zu: »Dann kann ich ja gleich nach Deutschland kommen!«

Bevor jetzt die ersten Steuerberater Flipflops nach mir werfen, möchte ich betonen, dass es sich hierbei nicht um einen Ratgeber handelt. Ich hasse Bücher, die Rat versprechen. Seit drei Jahren bewirtschafte ich eine Arbeitswohnung in Berlin. Dort gehe ich meiner freiberuflichen Tätigkeit als Autor nach. Meine Frau findet das sehr angenehm, da ich ihr in der Zeit, die ich in Berlin verbringe, nicht auf die Nerven gehe, und auch ich genieße die Nächte, in denen mir niemand die Nase zuhält, um mich am Schnarchen zu hindern. Tagsüber benutze ich als großstadterprobter Ostwestfale die U-Bahn und sehe dort immer wieder Menschen, die sich Bücher mit einem Glücksversprechen im Titel vor die Nase halten. Wenn man sich aber anguckt, was diese Leute für Gesichter ziehen, muss man froh sein, dass sie es wenigstens in die Bahn geschafft und sich nicht davorgeworfen haben. Aus dieser Erfahrung heraus möchte ich Ihnen jetzt doch einen Rat geben: Lesen Sie keine Ratgeber!

Wenn guter Rat teuer ist, hat es nicht selten etwas mit Steuern zu tun. Wäre es je zu der berühmten Erklärung auf dem Bierdeckel gekommen, müssten wohl zahlreiche Steuerberater ihren Töchtern die Reitpferde wegnehmen und den schicken Audi öfter in der Garage stehen lassen.

Ohne externe steuerliche Beratung muss man heutzutage Angst haben, dass man nicht mal mehr pinkeln gehen kann, ohne vorher einem Gefängniswärter Bescheid zu geben. Es sei denn, man verfügt über ...

C

Vi|ta|min C, das

Das oft als Vitamin B (Vorteilnahme durch Beziehungen) bezeichnete Vitamin C (passt so besser ins Buch) fiel in letzter Zeit vermehrt in einem Bundesland auf, in dessen Namen das A für Amigo steht. Saludos Amigos! Zapfen S' a Maß, dean S' a Brezn dazua – Grüß Gott, Bayern!

Der bayerische Ministerpräsident Max Streibl prägte 1993 den Amigo-Begriff, der in seiner Bedeutung noch über zwanzig Jahre später nichts an Aktualität verloren hat. Das liegt auch daran, dass sich insbesondere in Bayern immer wieder Menschen finden, die völlig selbstlos daran mitwirken.

Neu eingereiht hat sich Uli Hoeneß mit einer Selbstanzeige, die wohl darauf zurückzuführen ist, dass es ein geplantes Steuerabkommen mit der Schweiz nicht durch den Bundesrat geschafft hat. Ob das daran lag, dass sich seit der Idee für so ein Abkommen bis hin zum Gesetzesentwurf die Mehrheiten geändert haben oder ob einfach vergessen wurde, den richtigen Leuten einen Urlaub zu bezahlen, sei dahingestellt – das Ergebnis war, dass es für Steuersünder in Deutschland enger werden würde. Im Fall Hoeneß sorgten zahlreiche Talkshows, mehrseitige Zeitungsberichte und ein #Steueraufschrei der Entrüstung im Internet dafür, dass man als Normalo das Gefühl bekam, endlich sei mal ein »Großer« nicht durch gute Kontakte ungeschoren davongekommen. So weit, so Zürich.

Uli Hoeneß selbst sagte in einem Büßer-Interview mit einer durchaus seriösen Wochenzeitung, dass er darauf hoffe, unserer Bundeskanzlerin »diesen ganzen Mist« einmal selbst erklären zu können.[2] Amigo, ick hör dir trapsen! Natürlich wäre es praktisch, wenn man der Bundeskanzlerin die paar Millionen Steuern persönlich unters Kopfkissen legen und ihr zur Beruhigung einen Schluck Brandy de Jerez in die warme Milch kippen könnte – aber die Möglichkeit muss dann bitte jeder eingeräumt bekommen. Ich habe 2001 aus Versehen das Garderobenentgelt vom Nachbartisch mit auf meinem Bewirtungsbeleg gehabt und kann seither schlecht schlafen. Keiner der Bundeskanzler hat bisher auf meine Briefe reagiert. Und dabei will ich »diesen ganzen Mist« auch nur erklären!

Der Uli musste nicht lange warten. Im Rahmen des Finalspiels der Champions-League-Saison 2012/2013 traf er auf einer Tribüne des Londoner Wembley-Stadions auf Angela Merkel, die ihm äußerst freundlich die Hand gab. So sah es zumindest im Fernsehen aus. Da fielen mir vor Schreck glatt die Kartoffelchips aufs Sakko. Mir war die Finalkarte zu teuer gewesen – weil ich Steuern zahle –, aber hätte ich gewusst, was für eine Gelegenheit mir da entgeht, wäre ich die Investition sofort eingegangen. Aber hätte sie ihm nicht wenigstens den erhobenen Zeigefinger zeigen oder einen kleinen Schlag auf den Hinterkopf geben müssen? Als Signal? Nach dem Motto: Nicht mit der Mutti!

Nun muss ich die Welt nicht immer verstehen, frage mich aber, wie es im Fall Hoeneß einzuordnen ist, dass ihm offenbar ein früh pensionierter Steuerfahnder bei der Verfassung seiner Selbstanzeige geholfen haben soll;[3] und dass diese trotzdem so fehlerhaft war, dass die Münchner Staatsanwaltschaft gleich ein paar Leute rausschickte, die vorsichtshalber noch mal genauer hinter Hoeneß' Tegernseer Kamin nachguckten. Vertrauen die etwa ihren eigenen Leuten nicht mehr?

Fazit: Uli Hoeneß schien am Ende richtig gehandelt zu haben. Ungefähr ehrlich angezeigt ist eben doch besser als fein säuberlich hinterzogen. Und die Schuld soll ja auch mit allen Säumniszuschlägen bezahlt sein. Trotzdem muss er sich nun noch vor Gericht verantworten und ist darüber nach eigener Aussage »überrascht«. Nun gut, das waren wir auch. Solange die Bayern sich aber gegenseitig mit fragwürdigen Steuererklärungen bewerfen, können wir anderen den Ausblick genießen und noch ein Bier bestellen. Oans, zwoa, gsuffa!

Ja ja, die Bayern. Die sind schon ein lustiges Völkchen. Zum Beispiel, wenn sie durch den Zoll gehen und vergessen, ihre Rolex zu versteuern. Das ist Karl-Heinz Rummenigge passiert, der streng genommen als gebürtiger Lippstädter meiner ostwestfälischen Prägung näher als dieser Amigo-Bande ist, aber mit einem »FC« davor passt es wieder. Was nicht passte, war der grüne Ausgang am Flughafen, den er aus den Emiraten kommend wählte. Aber hey, wer kennt das nicht? Dank Schnaps und Zigaretten spielt für jeden zweiten Türkei-Urlauber die Zollkapelle am Flughafen »Hello again« – nur wenn so ein feiner Mann wie Kalle, womöglich im Gucci-Strampler, aus der Businessclass kommt, dann geht man erst einmal davon aus, dass der alles ganz korrekt am Laufen hat. Seine Rechtfertigung war, dass man ihm die beiden Rolex-Uhren geschenkt habe. Offenbar ging er davon aus, Geschenke müsse man nicht versteuern. Warum auch? Soll das doch der Schenker machen! Frechheit! Noch unterhaltsamer war der Anlass: Die Uhren wurden auf einem Verbandstreffen der europäischen Spitzenclubs verteilt. Das hört man ja immer öfter, dass bei Fußballverbänden die Rolex-Uhren Doppelpass spielen. [4]

D

wie dop|pel|te Haus|halts|füh|rung, die

Eine doppelte Haushaltsführung liegt vor, wenn ein Steuerpflichtiger außerhalb des Ortes, in dem er einen eigenen Hausstand unterhält, beruflich tätig ist und auch am Ort der Berufstätigkeit übernachtet. In der Eckkneipe wird es meistens so formuliert: »Der Herr Westerbeck hat bestimmt ’ne Freundin in Berlin!«

Ich gehe weiterhin davon aus, dass meine Frau nicht mehr mitliest, und kann dazu nur sagen, dass sich mit einer Zweitwohnung ganz neue Möglichkeiten ergeben. Rein steuerlich, versteht sich. Bevor Sie aber jubelnd Ihr Einkommen drücken können, darf ich Sie darauf hinweisen, dass der zweite Haushalt »selbstbestimmt« geführt werden muss – im Klartext: Das alte Kinderzimmer gilt nicht. Der achte Bewohner einer WG mit nur einem Schlafzimmer auch nicht. Nicht einmal dann, wenn die anderen sieben schwedische Austauschstudentinnen sind. Wobei die Steuer in diesem Fall sowieso vollkommen egal ist. Ebenfalls gern probiert, aber vom Finanzamt weniger gern gesehen, ist ein Absetzen der Ferienwohnung. Vorsicht, ihr jungen Unternehmer: Niemals höher einreichen, als Palmen wachsen!

So weit zu den schlechten Nachrichten. Die gute ist, dass Mann mit so einer eigenen Wohnung schlagartig wieder zum Single wird. Auch innerhalb der Ehe. Tagelang die gleichen Socken tragen, Unterhosen nach »schmutzig« und »geht noch« sortieren oder das Sakko einfach mal hängen lassen – all das wäre zu Hause undenkbar. Aber in Berlin? Ja logisch! So eine Arbeitswohnung ist die letzte Bastion der Männlichkeit. Sie versprüht den Duft der Freiheit, und ganz nebenbei sieht man seine Frau nicht so oft. Es ist äußerst löblich von den Finanzbehörden, hier steuerlich unterstützend einzugreifen. Allerdings sind dem Vergnügen (wie immer) Grenzen gesetzt. Mehr als die ortsübliche Miete einer ungefähr 60 Quadratmeter großen Wohnung ist aufs Einkommen nicht anzurechnen. Aber auch in der kleinsten Hütte kann man sich gehen lassen.

Und wenn die Wäsche anfängt zu sprechen, kann man einmal die Woche nach Hause fahren und die Kosten dafür ebenfalls absetzen. Herrlich! Wem selbst das zu viel Nähe ist, der kann anstelle der wöchentlichen Heimfahrt die Kosten für ein Telefonat absetzen. Allerdings nur bis zur fünfzehnten Minute, danach steigt das Finanzamt aus. »Du, Schatz, ich muss Schluss machen, die Viertelstunde ist rum.« – Dieser Satz fällt entweder in der Telefonzelle eines Knasts oder im Wohnzimmer einer Zweitwohnung, wo die *Sportschau* läuft und ein eiskaltes Bier auf dem Tisch steht. Und das Allerbeste: Ein Besuch der Familie am Beschäftigungsort ist nicht abzugsfähig. Es sei denn, der Beschäftigte ist aus beruflichen Gründen an der Familienheimfahrt gehindert. Aber das müssen Sie Ihrer Frau ja nicht sagen.

Ich muss mich unbedingt erkundigen, ob die Zeit in der Zweitwohnung der Ehe voll angerechnet wird. Ich freue mich nämlich schon sehr auf meine Silberhochzeit, und es wäre trotz aller steuerlichen Vorteile ärgerlich, wenn man mir die letzten drei Jahre Berlin abzöge. Dann müsste ich den Saal wieder abbestellen: »Brutto bin ich mit meiner Frau zwar im September 2024 fünfundzwanzig Jahre lang verheiratet, man hat mir aber was abgezogen. Macht netto dann nur noch zweiundzwanzig Jahre. Sagen Sie bitte auch dem DJ Bescheid?«

Apropos Netto-Ehe: Wenn aus brutto netto wird, hat meistens der Staat seine Finger im Spiel. Im nächsten Fall sorgt er sich sehr treusorgend um Paare, die nicht nur sexuell, sondern auch steuerlich gemeinsam veranlagt sind.

E

wie Ehe|gat|ten|split|ting, das

Das Wichtigste vorab: Mitte 2013 hat der Bundesgerichtshof festgestellt, dass die Anwendung des Ehegattensplittings auch für eingetragene Lebensgemeinschaften von Gleichgeschlechtlichen gilt. Erstaunlich spät für ein Land, das sich darüber lustig macht, dass es im amerikanischen Bundesstaat West Virginia Männern per Gesetz erlaubt ist, Sex mit Tieren zu haben, aber nur, wenn diese nicht mehr als 40 Pfund wiegen.

Man muss wissen, dass wir in Deutschland, so wie in vielen anderen Ländern auch, die Höhe der Einkommenssteuer progressiv berechnen. Das bedeutet, dass Geringverdiener teils nur 10 Prozent zahlen, während hohe Einkommen mit fast 50 Prozent besteuert werden. Oder, wie der Volksmund sagt: »Das erste Halbjahr arbeitest du fürs Finanzamt!« Auf den ersten Blick ist das natürlich eine Ungerechtigkeit, die gegen jede Rechtsgleichheit verstößt. Warum müssen die einen mehr bezahlen als die anderen? Ganz einfach: weil der Nutzen von Geld irgendwann abnimmt. Ab einer gewissen Menge braucht man es nicht mehr, um sein Überleben zu sichern, sondern gibt es nur noch für weiße Lamborghinis aus. Und da denkt sich der Staat: »Prima – vorher aber die Hälfte zu Mutti.« Es gibt ihn aber noch, den einen großen Steuertrick: Heiraten Sie! Denn ist man verheiratet oder lebt in einer eingetragenen Lebensgemeinschaft und einer der Partner verdient erheblich weniger, hilft einem das Ehegattensplitting, die Steuerlast zu verringern. Die Einkommen beider werden addiert und durch zwei geteilt. Auf diesen Betrag wird dann die Höhe der Einkommenssteuer berechnet und mal zwei genommen. Oder in Zahlen:

A verdient 80 000 Euro und B 20 000 Euro.

Macht zusammen 100 000 Euro. Einzeln veranlagt würde A ca. 27 000 Euro und B 3 000 Euro Steuern zahlen. Zusammen veranlagt fallen aber nur ca. 27 000 Euro Steuern an, da A mit rechnerisch 50 000 Euro progressionsbedingt erheblich weniger als B mehr bezahlen muss. Unterm Strich spart das Paar 3 000 Euro.

In der Lebenswirklichkeit ist A angestellter Jurist, und B geht halbtags arbeiten. Im Sinne der CSU ist A männlich und B weiblich. Noch lieber wäre es den Christsozialen, wenn B ganz zu Hause bliebe und abends die Haxe im Dirndl serviert. Um das zu fördern, haben sie das Erziehungsgehalt, besser bekannt als Herdprämie, erfunden. In Berlin wiederum gibt es Bezirke, in denen A weiblich ist und B mit Kindern auf Bauch und Rücken gebunden durch Bio-Märkte latscht, um abends den Tofu aus dem Dampfgarer zu stanzen. Egal wie, auch wenn A und B beide männlich oder weiblich sind – alles ist gut, solange der angestellte Jurist nicht mit 20 000 Euro im Jahr nach Hause kommt und die Halbtagsstelle 80 000 Euro mitbringt. Denn dann erzählt irgendjemand Quatsch.

Apropos Quatsch: Die Grünen hatten sich für ihr Wahlprogramm zur Bundestagswahl 2013 die größte Steuererhöhung aller Zeiten ausgedacht. Dabei wollten sie den Wählern weismachen, dass in Wirklichkeit nur knapp 10 Prozent der Bevölkerung davon betroffen seien und 90 Prozent entlastet werden würden. Also eine Art Reichensteuer. Was sich erst einmal gut anhört, weil ja Robin Hood ein feiner Kerl war, relativiert sich sehr schnell, wenn man bedenkt, dass man ab einem Bruttoeinkommen von 65 0000 Euro zu den oberen 10 Prozent gehört. Außerdem wollten die Grünen bei Regierungsbeteiligung das eben beschriebene Splitting abschaffen, was dann indirekt den halbtagsjobbenden B aus dem Beispiel trifft; und da das – ganz im Sinne der CSU – in der Regel die Mütter sind, trifft es letztendlich die Familien. Ich bin ja nun trotz meiner höflichen Umgangsformen kein Freund der politisch Konservativen, aber in dem Fall muss man den Grünen wirklich raten, erst das Etikett zu lesen, bevor man Pflanzenschutzmittel säuft.

F

wie Fahr|ten|buch, das

Man glaubt es nicht, aber auch ich kann unter dem dunkelblauen Sakko richtig die Sau rauslassen. In jungen Jahren, zu Beginn meiner Tätigkeit als Unternehmer, ist mir das immer mal wieder am Steuer eines Autos passiert. Rückblickend ist mir das eher peinlich, und mittlerweile besitze ich neben einem Pkw auch die BahnCard 50, was angenehm entschleunigend wirkt. Keine Angst, ich werde Sie nicht mit der hundertsten Horrorgeschichte über die Deutsche Bahn behelligen. Im Gegenteil, ich bin zu einem echten Fan der Bahn geworden. Aber als ich Zugtickets noch für die idealen Tapeten in einem Lehrerhaushalt hielt, saß ich des Öfteren im Auto und fuhr um die Formel-1-Weltmeisterschaft. Leider galt für mich nicht das Reglement der FIA, sondern wie für alle anderen auch die Straßenverkehrsordnung, kurz StVO. So wurde sie in den beigen Briefen abgekürzt, denen immer auch ein Schwarz-Weiß-Foto und die Unterschrift irgendeines »Landrat i. A.« beigefügt waren. Aufgrund der schlechten Fotoqualität, der übergroßen Sonnenbrille oder einfach nur aus Trotz versuchte ich im kleinen Sitzungssaal des zuständigen Amtsgerichts mehrfach, mich mit den Worten »Das ist ein Firmenwagen, den hat ein Mitarbeiter gefahren!« bei der Rennleitung zu rechtfertigen. Neben meinem Unverständnis gegenüber Blitzanlagen hatte ich damals auch nicht auf dem Zettel, dass man erst einmal Mitarbeiter *haben* muss, ehe sie für die eigenen Verkehrssünden den Kopf hinhalten können. Letztendlich habe ich mein Lehrgeld gezahlt und damit die Erkenntnis erlangt, dass es total einfach ist, seinen Führerschein zu behalten: Man fährt einfach nur so schnell, wie es diese lustigen Schilder mit dem roten Rand auf schwarzen Zahlen angeben. Klingt irre, funktioniert aber zu 100 Prozent. Noch besser als diese Bücher, die das totale Glück versprechen.

Eine weitere Sache ist mir in Erinnerung geblieben, die mich seinerzeit 6 Monate lang den letzten Nerv und am Ende eine Freundschaft kostete: Mir wurde das temporäre Führen eines Fahrtenbuchs auferlegt. Grauenhaft! Wer das schon einmal gemacht hat, überlegt sich sonntags ganz genau, ob es nicht doch besser wäre, anstelle des Dienstwagens mit dem Fahrrad zum Bäcker zu fahren. Oder gleich die eigene Frau zu schicken. Meine Ehe überlebte diese Phase, doch mit der Freundschaft zu dem Anwalt, der mir das Fahrtenbuch eingebrockt hatte, war es vorbei. Das Fahrtenbuch rettete mir zwar den Führerschein, verschlechterte alles andere aber erheblich. Man kann wirklich besser vier Wochen zu Fuß gehen, als ein halbes Jahr kilometerstandsgerecht JEDE Fahrt in ein Buch einzutragen.

Das bringt uns zu einem weiteren Mythos: dem Firmenwagen. Rund um das Thema Auto ist der Stammtisch den meisten näher als das Finanzamt, und so heißt es nicht nur »Porsche-PS zählen doppelt!«, sondern ebenso »Bist du in den Miesen, kannst du immer noch leasen« oder »In der Angeber-Karre fährt doch das Finanzamt mit«. – Na, hoffentlich hat es sich angeschnallt.

Da spukt eine Menge Halbwissen über den Tresen, und nach wie vor glauben viele, dass man sich als Unternehmer ungerechterweise jedes Auto leisten kann, weil es ja nicht nur in der Garage, sondern auch in den Büchern steht. Tatsächlich aber langen die Kollegen vom Amt neben allem Möglichmachen von Abschreibungen & Co. gar nicht mal so übel zu, wenn es um den geldwerten Vorteil der privaten Nutzung geht. Der wird nämlich pauschal mit einem Prozent vom Listenneupreis des Wagens monatlich (!) zum zu versteuernden Einkommen hinzugerechnet. In Zahlen bedeutet das, dass der Porsche 911 von Ihrem Zahnarzt mit 1 400 Euro angerechnet wird, und beim anzunehmenden Höchststeuersatz monatlich knapp

700 Euro ins Steuersäckle der Allgemeinheit röhrt. Das einmal zur Ehrenrettung aller Unternehmer, die sich noch trauen, mit teuren Autos durch die Gegend zu fahren. Man kann sich den Privatanteil aber auch aufwandstatsächlich statt pauschal berechnen lassen: durch Führen eines Fahrtenbuchs. Aber wie gesagt, um da die Nerven zu behalten, bedarf es einer gehörigen Dosis Morphium. Und die hat man für gewöhnlich nicht im Handschuhfach. Außer man ist Zahnarzt.

Nun kann ich mir neben einer neuen Frau auch einen neuen Zahnarzt suchen. Das ist doch eine tolle Idee für eine Fernsehsendung: Ein Mann mittleren Alters verliert an einem Tag alles – Frau, Arbeit, Freunde, Ärzte und Eckkneipe. Zu allem, was wichtig ist, verliert er den Zugang, und er muss in einer anderen Stadt ganz neu anfangen. Mal davon abgesehen, dass er sich natürlich eine jüngere Frau sucht, wäre es doch mal spannend zu sehen, ob er alles andere wieder genauso machen würde wie zuvor, oder ob er sein Leben radikal verändern würde: »Gut, dass ich nicht mehr in meine alte Kneipe darf, jetzt suche ich mir eine, die Beck's auch vom Fass hat!« Und das alles in Begleitung eines Kamerateams.

G

wie GEZ, die

Die alte Tante GEZ. Gebühreneinzugszentrale. Seit Anfang 2013 heißt sie Beitragsservice, weil das freundlicher klingt. Dabei zieht sie nach wie vor sehr penetrant den Leuten das Geld aus der Tasche. Und zwar jedem von uns. Es gibt kein Entkommen. Hätten die Amerikaner Osama bin Laden nicht irgendwann von selbst gefunden, hätte man den Nervberts von der Rundfunkgebühr einfach nur stecken müssen, dass er seinen Fernseher in Islamabad nicht angemeldet hatte.

Das Schönste war der Werbespruch: »GEZ – schon GEZahlt?« Nein, natürlich nicht: nur Steuern und Soli, Abwasser und Frischwasser, Strom und Internet, Versicherungen und Vereinsbeiträge und und und. »Das ist bestimmt noch nicht genug«, dachten sich da wohl die Freunde von der GEZ und fragten einfach mal nach. So muss Werbung sein. Nah am Kunden. Ob es wohl in ganz Deutschland eine einzige Person gab, die sich dachte: »Jau! Das stimmt. Ich habe heute noch gar nichts bezahlt und rufe da jetzt mal an. Am besten, die buchen gleich ab.«

Nun heißt die GEZ nicht mehr GEZ, und die Berechnung hat sich auch verbessert. Früher musste jeder Fernseher, jedes Radio und jedes sonstige Gerät, das zum Empfangen des *Traumschiffs* geeignet war, einzeln angemeldet und bezahlt werden. Während man Geräte zu Hause noch trickreich verheimlichen konnte, stand den Gewerbetreibenden regelmäßig der Schweiß auf der Stirn, wenn die Gebührenfahnder auf dem Firmenparkplatz die Fahrzeuge durchzählten, um zu kontrollieren, ob denn auch alle Autoradios angemeldet waren. Denn wer falsche Angaben machte, konnte wegen einer Ordnungswidrigkeit belangt werden.

Im Rahmen der Umstellung von der GEZ zum Beitragsservice besuchte mich einer dieser Mitarbeiter im Frühjahr 2013. Im Vorfeld betonte er am Telefon sehr ausdrücklich, man wolle sich von dem schlechten Image lösen, Privathaushalte würden zum Beispiel nach der neuen Regelung gar nicht mehr besucht, und dass er mir gern vor Ort dabei behilflich sei, alles korrekt anzumelden. Mir war sofort klar, dass es sich um eine Falle handelte. Ich sah mich schon im Knast sitzen, weil irgendein Akustikkoppler 1999 aus Versehen das *Großstadtrevier* empfangen hatte, während ich im Internet surfte. Oder der Fernseher, der zur Fußball-Weltmeisterschaft 2006 bei uns im Garten stand: Den hatten wir extra dafür gekauft und nach dem Halbfinal-Aus gegen Italien wütend eingetreten – aber war der angemeldet gewesen? Freiheitsliebend wie ich bin, lehnte ich den Termin also ab und erbat mir die Formulare per Post.

Am nächsten Morgen um Punkt neun Uhr schellte es an der Tür. Der Beitragsservice hatte seinen besten Mann geschickt. Im Ledermantel und mit Klemmbrett bewaffnet, stand er vor mir und wartete auf meinen ersten Fehler. Er brauchte nicht lange zu warten: Ich bat ihn herein. Ich kann einfach nicht aus meiner Haut. Meiner freundlichen Art verdankt jetzt irgendein Intendantenorchester den vierten Stehgeiger in Vollbeschäftigung.

Insgesamt fallen jährlich rund siebeneinhalb Milliarden Euro Rundfunkgebühren an.[5]

7 500 000 000 Euro!

Nach Euro- und Bankenkrisen fliegen die Milliarden bekanntlich tief, und ich persönlich finde, dass man den Bezug zur Dimension einer Milliarde verloren hat. Eine Milliarde sind tausend Millionen. Siebeneinhalbtausend Millionen Euro geben wir also jährlich dafür aus, dass *Der Landarzt* weiter praktizieren, Fritz Wepper die Nonnen nervös und Florian Silbereisen ein Praktikum als Moderator machen kann. »Alles mit unseren Gebühren!«, lautet der Aufschrei in deutschen Wohnzimmern, wenn es besonders peinlich wird. Doch es lohnt sich, einmal genauer hinzuschauen. Dann bemerkt man, dass von den Beiträgen zum Beispiel auch öffentlich-rechtliches Radio und vieles mehr finanziert wird. Das gebührenfinanzierte Fernsehen findet in den Programmen der ARD und des ZDF statt. Dazu gehören die regionalen Kanäle des Ersten, ein paar Digitalsender, ein gemeinsamer Kinderkanal (KiKA) sowie der Sender Phoenix, auf dem unter anderem Bundestagsdebatten übertragen werden. Nicht zu vergessen das Programm zur deutsch-französischen Freundschaft auf Arte und der Kanal für Erdkundelehrer im Ruhestand: 3sat. Wer schon einmal außerhalb Europas auf Reisen war, weiß vielleicht die Deutsche Welle (DW) zu schätzen, weil es einem Hotelmanager in Mexiko egal war, ob seine deutschen Gäste zu den Nachos lieber ProSiebens *TV total Quizboxen* geguckt hätten.

Und damit wären wir auch schon bei den Alternativen. RTL, SAT.1, kabel eins & Co. sind die sogenannten Privaten und haben »... mit unseren Gebühren!« *nichts* zu tun. Deren Wahnsinn finanziert die Werbeindustrie. Und das bedeutet, dass genau das Programm ausgestrahlt wird, das die meisten Zuschauer sehen wollen. Also wir alle. Das sah im Laufe der Jahre dann so aus: Tine Wittler pinselte zehn Jahre lang Dreizimmerwohnungen auf 16:9 in Pastellgelb, die Super Nanny etablierte die Wuttreppe, und Peter Zwegat kümmert sich immer noch um verhaltensauffällige Hartz-IV-Empfänger, die sich weigern, ihr Dosenpfand einzulösen. Ist das wirklich besser?

Schwer zu sagen. Das öffentlich-rechtliche Programm unterliegt immerhin noch so etwas wie einem Bildungsauftrag, und als Vater eines achtjährigen Sohnes bin ich sehr froh, dass ich unseren Kleinen beruhigt die *Sendung mit der Maus* gucken lassen kann, ohne Sorge haben zu müssen, dass man ihm dort erklärt, wie man mit Legosteinen ein Atomkraftwerk baut, nur weil in der Werbepause ein Energieversorger den teuren 30-Sekunden-Spot gebucht hat. Das sind mir die knapp 18 Euro im Monat mittlerweile wert.

In Zeiten der totalen Transparenz muss ich an dieser Stelle darauf hinweisen, dass ich als Autor und Kreativer sowohl für RTL als auch für die Programme der ARD gearbeitet habe. Darüber hinaus saß ich schon in gebührenfinanzierten Fernsehsendungen und bewarb dort meinen Debütroman. Und ein privater Radiosender gab mir mal die Möglichkeit, meine Ideen gegen Bezahlung zu verwirklichen. Ich habe also von beiden Systemen profitiert. Trotzdem erlaube ich mir, kritisch zu bleiben, und möchte auch Sie anregen, das zu sein. Eine Nation bekommt nämlich genau das Programm, das sie verdient. Meine Eltern konnten mich auch ohne die Tipps der Super Nanny großziehen, und ehrlich gesagt verspürte ich nie den Drang, in ein Land auszuwandern, dessen Sprache ich nicht spreche. Und schon gar nicht, wenn mich ein Kamerateam beim vorhersehbaren Scheitern und zur Belustigung der Zuschauer dabei begleitet. Aber was nicht ist, kann ja noch werden. Mal gucken, wie das mit diesem Buch läuft. Meine Frau war vor unserer Hochzeit immerhin Zweitplatzierte eines Schönheitswettbewerbs – damit sollten wir zumindest beim Promi-Dinner auf VOX mitmachen können.

H

wie
Hin|ter|tür, die

Eine Hintertür zu haben ist zunächst einmal etwas sehr Positives. In Hollywoodfilmen entkommen durch sie die Helden, wenn die Trommel der Smith & Wesson leer geballert ist, und der Duden erläutert ihre Bedeutung beispielhaft mit: »die Hintertüren der Buchführungen«.[6] Ich habe keine Ahnung, welche Hintertüren da gemeint sind, aber wenn Hollywood auf die deutsche Buchführungspflicht trifft, kann das nur spannend werden. Möglicherweise spielt Leonardo DiCaprios nächster Film in einem Bonner Finanzamt. Im Kampf um die T-Konten kann er mittels Buchhalternase die Geschäftsabschlüsse zu einem guten, für den Steuerpflichtigen besseren Ende führen. Inklusive Siegerehrung auf dem Marktplatz. Ohne Hintertürchen.

Paragraf 239 Absatz 3 des Handelsgesetzbuchs verfügt:

»Eine Eintragung oder eine Aufzeichnung darf nicht in einer Weise verändert werden, dass der ursprüngliche Inhalt nicht mehr feststellbar ist. Auch solche Veränderungen dürfen nicht vorgenommen werden, deren Beschaffenheit es ungewiss lässt, ob sie ursprünglich oder erst später gemacht worden sind.«

Mir sind Hintertüren in der Buchhaltung nicht bekannt. Ehrlich gesagt, hören sie sich auch reichlich illegal an, und bei näherem Interesse möchte ich lieber auf die Kollegen vom Duden verweisen. Ich habe in meiner Ausbildung gelernt, Buchführungskonten ohne Hintertür abzuschließen. Was zurzeit viele Menschen allerdings auch lernen, ist, dass wenn etwas zur Hintertür reinkommt, die negative Überraschung meistens größer ist als die

Freude über den unerwarteten Besuch. Stichwort: Enteignung durch die Hintertür.

Damit ist Folgendes gemeint: Wenn die Preise in gleicher Höhe steigen wie das Einkommen, so ist das für die Bevölkerung keineswegs ein Nullsummenspiel, wie von der Politik gern behauptet, sondern eine kalte Progression. Das liegt daran, dass die Einkommenssteuer nicht auf den Reallohn, sondern auf den Nominallohn erhoben wird. Das bedeutet, dass sich bei einer vierprozentigen Lohnerhöhung auch der Steuersatz erhöht und real nach Abzug keine 4 Prozent übrig bleiben. Wenn die Preise aber tatsächlich um 4 Prozent gestiegen sind, wurde die Kaufkraft des Verbrauchers trotz Lohnerhöhung geschwächt. Damit macht der Staat ein ganz gutes Geschäft. Ähnlich verhält es sich bei der inflationsbereinigten Berechnung von Zinsen. Auch wenn uns die Banken nominal auf unser Guthaben Zinsen gutschreiben, sind diese real nur etwas wert, wenn im gleichen Zeitraum die Preise für die Dinge des alltäglichen Lebens nicht um einen ebenso hohen Prozentsatz gestiegen sind.

Die offizielle Inflationsrate betrug im Jahr 2013 ungefähr 1,6 Prozent. Dem gegenüber stand eine Lohnsteigerung im Schnitt von gut 3 Prozent. Demnach wäre da alles in Butter. Lediglich die Banken zahlten viel weniger an Zinsen, als die Inflation auffraß. Nämlich nur knapp 0,3 Prozent.[7] Trotzdem fühlen sich die Dimensionen in der Lebenswirklichkeit viel größer an. Woran liegt das?

Zur Berechnung der Kaufkraft überwacht das Statistische Bundesamt die Preisentwicklung von fast 800 Gütern, die dem Leben der Deutschen zugeordnet werden. Innerhalb dieser einzelnen Güter gibt es unterschiedliche Gewichtungen und Gruppierungen, und ab und zu werden auch mal Dinge ausgetauscht, weil es sie nicht mehr gibt. Computerdisketten zum Beispiel. Dafür liegen jetzt CD-Rohlinge in diesem imaginären Warenkorb. Auch die Gewichtung einzelner Produktgruppen ändert sich. So sah das Bundesamt 1995 noch 6,9 Prozent der Gesamtausgaben für Bekleidung und Schuhe vor, während 10 Jahre später angeblich nur noch 4,9 Prozent dafür aufgewendet wurden. Jede Statistik ist bekanntlich nur so gut, wie sie gefälscht wurde, aber ich habe meine Aufwendungen für Bekleidung nicht runtergefahren, und das dunkelblaue Sakko kostet heute doppelt so viel wie vor 10 Jahren: 199 Euro statt 199 Mark! Das bringt uns zu der gefühlten Inflation. Natürlich ist es für einen Pendler viel entscheidender, ob sich – wie beim Sakko – auch der Spritpreis verdoppelt hat, während es sich für den Student besser anfühlt, dass man mittlerweile für lediglich 19,99 Euro mit dem Smartphone einen ganzen Monat telefonieren und im Internet surfen kann.

Und so ist es wie bei jeder Hintertür: Kann man durch sie flüchten, ist man der Held. Kommt allerdings jemand ungefragt herein, kann nur noch der Duden helfen.

Wenn es nicht an der Hintertür klopft, sondern frühmorgens an der Haustür klingelt, ist es immer die Steuerfahndung. Zumindest in neun von zehn Fällen und bei Uli Hoeneß. Die Überraschten öffnen dann im Bademantel die Tür, so bekommt man es erzählt. Es ist schon verwunderlich, wer alles einen Bademantel besitzt. Lediglich der ehemalige Deutsche-Post-Chef Klaus Zumwinkel blieb im perfekt sitzenden Anzug in Erinnerung, als er mit der Staatsanwältin sein Haus verließ, während sein Rechtsanwalt mit einem Porsche vorfuhr. Das fand ich persönlich standesgemäß. Nun hat Uli Hoeneß in diesem Buch ja schon sein Fett wegbekommen, und auch mit Klaus Zumwinkel möchte ich trotz des tollen Anzugs nicht tauschen. Die Liste derer, die sich wegen Steuervergehen öffentlich haben teeren und federn lassen müssen, könnte man beliebig fortsetzen. Aber die Frage ist doch, warum wir alle trotz Steuergeheimnis davon erfahren haben?

I

wie
il|le|gal

Ich bin kein Jurist und erhebe auch keinen Anspruch auf juristisches Wissen. Ich bin Mensch. Meiner Meinung nach ist illegal, was gegen geltendes Recht verstößt. Gesetze werden in der Regel von politischen Fraktionen erarbeitet, im Bundestag verlesen und dann im Bundesrat beschlossen. Und da es sich dort jeweils um demokratisch gewählte Mehrheiten handelt, sollten Gesetze dazu dienen, dem Großteil unserer Gesellschaft zu nutzen. Wer gegen die Ordnungen unseres Zusammenlebens verstößt, verhält sich wortwörtlich asozial. Da »asozial« im allgemeinen Sprachgebrauch in erster Linie als Schimpfwort benutzt wird, ist es eher despektierlich als korrekt, jemanden als asozial zu bezeichnen. Kein Geringerer als unser Bundespräsident Joachim Gauck aber hat Steuerhinterzieher als asozial bezeichnet, in der Debatte um Uli Hoeneß.[8] Und dabei ist er das höchste Staatsorgan! Also, Joachim Gauck.

Ich möchte ungern etwas zu der von mir selbst kritisierten Stammtisch-Politik beitragen, ebenfalls ist mir der Unterschied zwischen einer erfolgreichen Selbstanzeige und einem öffentlichen Strafverfahren sehr wohl bewusst, aber eines möchte ich an dieser Stelle die politische Klasse gern fragen: Ist es weiterhin zeitgemäß, dass nur den Steuerhinterziehern Strafe droht, oder müssen die Verschwender nicht gleichermaßen mit Konsequenzen rechnen?

Fangen wir mit der Öffentlichkeit an. Ich laufe nun wirklich nicht Gefahr, mit Uli Hoeneß zu sympathisieren. Maximal könnte ich mir vorstellen, seine Sakkos aufzutragen. Aber dass er offensichtlich von Parlamentariern des Freistaats Bayern oder – genauso schlimm – von Beamten der Finanzbehörde an die Presse verpfiffen wurde, trotz der gesetzlichen Zusicherung von Anonymität bei einer Selbstanzeige, schreit vor Ungerechtigkeit zum Himmel. Warum war im Fall Zumwinkel die Presse eher da als sein eigener Anwalt? Obwohl der Porsche fuhr! Warum können sich Medien auf den gesetzlichen Schutz von Informanten berufen, wenn diese offensichtlich das Gesetz gebrochen haben, um ihre Information preisgeben zu können? Warum kann der Gesetzgeber illegale Steuer-CDs erwerben, mit deren Hilfe Menschen wie Klaus Zumwinkel öffentlich vorgeworfen wird, etwas Illegales getan zu haben?

Sind bestimmte Früchte also ungleich süßer, und gelten die Regeln nicht für jeden? Nähern wir uns der Beantwortung anhand des jüngsten Falls einer unfassbaren Steuerverschwendung, die unsere Gemeinschaft mindestens 600 Millionen Euro gekostet hat: Der Global Hawk oder genauer gesagt ein Aufklärungsflugzeug vom Typ RQ-4, das der kalifornische Rüstungskonzern Northrop Grumman Corporation im Auftrag der Bundeswehr für unser Land fertigte. Für die Nichtgeneräle unter uns bestens als *Drohne* bekannt. So eine Drohne fliegt unbemannt. Das ist sehr praktisch, weil man im Falle eines Absturzes nicht frühmorgens bei einer Witwe klingeln muss, die einem im Bademantel die Tür aufmacht. Weniger praktisch war im Fall der bundesdeutschen Problem-Drohne aber, dass man sie nicht nur ohne Pilot, sondern auch gleich ohne Gehirn in Auftrag gab. Mit Gehirn meine ich den automatischen Kollisionsschutz, der verhindern soll, dass zwei Flugzeuge zusammenstoßen. Der ist umso wichtiger, wenn in einem der Flugzeuge kein Pilot mit einem eigenen Hirn sitzt. Wer das anders sieht, kann sich ja während des nächsten Zweieinhalb-Stunden-Flugs nach Mallorca mal vorstellen, wie das wohl ausgehen würde, wenn zwischen Tomatensaft und Bordshop eine RQ-4 kurz die Bordtoilette aufsucht. Und zwar von außen.

Die Fälle sind klar. Was die Herren Hoeneß und Zumwinkel getan haben, war vorhersehbar, dumm und illegal. Sie wurden öffentlich vorgeführt, in bester Mittelaltermanier an den Pranger gestellt und werden nie wieder ihr altes Leben führen können. Sie haben ihre fiskalische Schuld aber beglichen und der Gemeinschaft das Vorenthaltene zurückgegeben. Was passiert aber mit mindestens fünf Verteidigungsministern, die seit Beginn der Planung Anfang 2000 die Verantwortung für die Drohne trugen? Was geschieht mit unzähligen Staatssekretären und Generälen, die den Bundeshaushalt schröpften? Und überhaupt: Sind die Mitglieder des Haushaltsausschusses wirklich so dumm, dass niemand was bemerkte? Warum ist Steuerhinterziehung zutiefst illegal, Steuerverschwendung aber nicht?

Da mich Angela Merkel nach Erscheinen des Buchs bestimmt nicht anrufen und diese Fragen beantworten wird, habe ich das Bierzelt verlassen und selbst recherchiert. Die guten Nachrichten zuerst: Wenn ein Beteiligter bei dem Drohnen-Debakel wissentlich gelogen hat, zum Beispiel die Probleme beim Kollisionsschutz mit falschen Angaben vertuscht hat, und dadurch ein Schaden entstanden ist, wird er juristisch zur Verantwortung gezogen. Des Weiteren ist es beruhigend zu wissen, dass wir einen Bundesrechnungshof haben, der sehr wohl die Verwendung unserer Steuern prüft und in seinem jährlichen Bericht auf Missstände hinweist. Er ist komplett unabhängig und unterliegt keinerlei Weisungspflicht. Weder vom Parlament noch von der Bundesregierung oder der Judikative. Er ist so etwas wie eine vierte Staatsgewalt. Das waren dann aber auch schon die guten Nachrichten. Der Bundesrechnungshof kann nämlich keine rechtsverbindlichen Entscheidungen aussprechen, sondern nur Empfehlungen. Und auch die persönliche Haftung von Amtsträgern des öffentlichen Dienstes wird in aller Regel durch Staatshaftung verhindert. Das heißt konkret, dass der Staat für seine Beamten haftet und nicht diese persönlich. Oder, wie wir es in Ostwestfalen sagen: Da beißt sich die Katze in den Schwanz!

Fazit: Mir ist vollkommen klar, dass nicht jeder Bürgermeister einer Stadt privat zum Schadenersatz herangezogen werden kann, wenn irgendwo ein Stoppschild falsch montiert wurde. Ebenfalls ist mir klar, dass ein Minister maximal die politische Verantwortung, nicht aber die finanzielle übernehmen kann. Zum einen würde sonst nämlich niemand mehr als Bürgermeister arbeiten wollen, und um für 600 Millionen haften zu können, müssten Minister das Hundertfache verdienen. Da wäre der Aufschrei genauso groß. Ebenfalls ist der Begriff Verschwendung ein sehr populistischer, und es lohnt sich immer, ein wenig genauer hinzuschauen. Also, Freunde, wenn die Drohne bei uns nicht fliegen darf, dann verkauft sie den Amis zurück, und wenn in Zukunft so etwas passiert, stellt sich einer aus der Truppe sofort hin und sagt: »Ich war's!« Und, bitte, erfindet im Sinne aller eine sinnvolle sowie vollstreckbare Strafe. Ein bisschen Berufsrisiko tut gut, das hält wach. Schließlich musste Uli Hoeneß auch frühmorgens raus, als der Staat ihn sprechen wollte.

Puh, jetzt stehe ich knietief in einer Steuerdiskussion, in der ich ehrlicherweise nichts zu suchen habe und in die ich auch nie rein wollte. Aber wenn man sich mit diesem Thema beschäftigt, nimmt man vieles anders wahr. Und ich empfinde die aktuelle Diskussion um Steuern, Staatsverschuldung und Abgaben viel nachhaltiger als in den Jahren zuvor. Möglicherweise hat die Finanz- beziehungsweise die darauf folgende Eurokrise dazu beigetragen. Man merkt mit einer bedrückenden Deutlichkeit, dass es so jedenfalls nicht mehr weitergeht. Es muss sich etwas ändern. Doch wo fängt man an? Die Reichen höher und gleich auch deren Vermögen besteuern? Oder einfach weniger ausgeben? Wenn ja, wofür? Kultur, Bildung oder Bundeswehr? Letzteres wäre der Bevölkerung sicherlich leicht zu vermitteln, aber ist das auch sinnvoll?

J

wie Ja, aber

Wer so lange verheiratet ist wie ich, weiß nur zu genau, dass die meisten Sätze mit »Ja, aber …« entweder in einem handfesten Streit oder auf dem Sofa eines Paartherapeuten enden. »Ja, aber ich dachte, deine Mutter wäre Heiligabend gern allein zu Hause geblieben …« zum Beispiel.

Wenn um Steuern, Steuergerechtigkeit und Abgabenlast gestritten wird, fließt oft eine Menge gefährliches Unwissen in die Diskussion, welche nicht selten mit »Ja, aber wir zahlen alles und die anderen nichts …« endet. Zu dieser einhelligen

Volksmeinung passt sehr gut, dass in letzter Zeit international agierende Unternehmen wie Apple, Amazon oder IKEA ins mediale Kreuzfeuer geraten sind, weil sie ihre Gewinne auf dubiosen Wegen in Steueroasen parken. Apple zum Beispiel überträgt das Recht, Produkte außerhalb Amerikas zu verkaufen, an eine irische Tochtergesellschaft. Die hat von 2009 bis 2012 satte 74 Milliarden US-Dollar Gewinn angehäuft, ohne auch nur einen einzigen Mitarbeiter zu beschäftigen. Der *Stern* schätzt in seiner Ausgabe vom 6. Juni 2013, dass darauf nie mehr als 2 Prozent Steuern anfielen. Das heißt im Klartext, dass auch der deutsche Staat leer ausgeht, da die deutschen Apple-Stores ebenfalls ihre Gewinne nach Irland überweisen. In selbiger Ausgabe kalkuliert der *Stern* weiter, dass Apple im Jahr 2012 bei einem weltweiten Gewinn von 41,7 Milliarden US-Dollar in Amerika zwar 6 Milliarden US-Dollar an Steuern zahlte, aber zusätzliche 9 Milliarden US-Dollar Steuern mit dem irischen Schlupfloch vermied. Auf Grundlage der bezahlten Steuern ergibt sich eine Steuerlast in Höhe von knapp 14,4 Prozent. Gleichzeitig stellt der *Stern* fest, dass das seitens Apple alles legal ist.[9]

Ja, aber wer ist denn jetzt bekloppt? Apple – oder unsere Gesetzgeber, die das alles zulassen? Spinnen wir dieses Beispiel mal weiter.

Diese Zeilen wurden auf einem Apple-Computer getippt, der auf einem Schreibtisch von IKEA steht, und jedes dritte Buch wird mittlerweile über Amazon verkauft. Die leider legalen Tricks zur Gewinnvermeidung treffen auf alle drei Unternehmen zu. Es geht immer um Lizenz gebende Tochterunternehmen in Steueroasen, die die Steuer bringende Sahne abschöpfen. Aber im Gegensatz zu den Briefkastenfirmen beschäftigen Apple & Co. in Deutschland Menschen, sammeln mit attraktiven Produkten Mehrwertsteuer ein und schicken ihre Waren mit hier getankten Lieferwagen in die Wohnzimmer. Darüber hinaus zahlen sie durch ihren Arbeitgeberanteil in die sozialen Kassen ein. Ihr Beitrag am Gesamtsteuer- und Abgabenaufkommen ist also durchaus gewährleistet. Und so ein IKEA-Markt faltet sich ja auch nicht von selbst auf, sondern wird wiederum von Unternehmen errichtet, die Material einkaufen, Bagger tanken und deren Mitarbeiter nach Feierabend ein Bier trinken gehen, in einer Kneipe, die … und so weiter. Es hängt alles zusammen. So sehr man im ersten Reflex auch auf die internationalen Konzerne sauer sein mag – ohne sie wäre es auch doof. Und bei allem Patriotismus: Unsere deutschen Großunternehmen, die nicht müde werden zu betonen, wie brav sie hier ihre Steuern zahlen, betreiben auch Shops, Niederlassungen und Werke im Ausland, oder?

Irgendwas ist also immer. Jetzt aber zu den Zahlen. Wie viel kommt denn dabei rum? Im Jahr 2013 insgesamt wohl um die 620 Milliarden Euro. Oder um das Gefühl noch einmal ein bisschen zu schärfen: sechshundertzwanzigtausend Millionen Euro Steueraufkommen in Deutschland. Da kann man auch mal stolz sein. Immerhin haben wir das gemeinsam erwirtschaftet. Bei 80,4 Millionen Bundesbürgern mach das 7711Euro pro Kopf. Auf wen entfällt aber was?

In groben Zügen werden 33 Prozent davon durch Lohn- und Einkommenssteuer entrichtet. Ein weiteres Drittel entfällt auf die Mehrwertsteuer. Interessanterweise tragen die juristischen Personen wie GmbHs und AGs nur mit knapp 3 Prozent

Körperschaftssteuer zu dem Gesamtaufkommen bei. Die Gewerbesteuer schlägt mit 7 Prozent zu Buche. 6,5 Prozent macht die Mineralölsteuer aus. Gut 2 Prozent die Tabaksteuer. In gleicher Höhe wie Tabaksteuer fällt auch der Solidaritätszuschlag an. 8,5 Prozent werden durch Grund- und Gemeindesteuern erzielt.[10]

Darüber hinaus gibt es weitere Positionen wie Versicherungssteuer, Grunderwerbssteuer, Kaffeesteuer und so weiter.

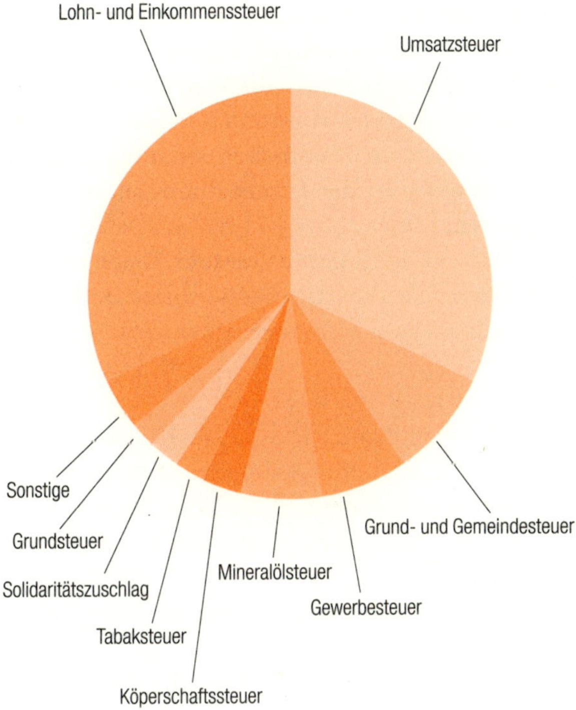
Lohn- und Einkommenssteuer
Umsatzsteuer
Sonstige
Grundsteuer
Solidaritätszuschlag
Tabaksteuer
Köperschaftssteuer
Mineralölsteuer
Gewerbesteuer
Grund- und Gemeindesteuer

Ich bin überrascht, wie wenig Körperschaftssteuer anfällt und dass das Aufkommen an Tabaksteuer und Soli gleich hoch ist. Also entweder rauchen wir zu viel, oder der Soli ist eine dieser Aufregersteuern, die in der öffentlichen Meinung gern am Nasenring durch die Manege gezogen werden. 6,5 Prozent Mineralölsteuer finde ich im Vergleich zu 7 Prozent anfallender Gewerbesteuer enorm, wenn man bedenkt, dass die 19 Prozent durch Mineralöl generierte Mehrwertsteuer separat ausgewiesen wird.

Fazit: Es stimmt also wirklich. Die »Kleinen« bringen den Großteil des Gesamtsteueraufkommens auf. Mit ihrer gezahlten Lohn-, Einkommens- und Mehrwertsteuer (von der die Unternehmen befreit sind) stemmen sie insgesamt zwei Drittel. Was aber wäre die Alternative? Nicht mehr arbeiten gehen? Oder wie Karl Marx sagte:

»Die Arbeit ist also eine Ware, die ihr Besitzer, der Lohnarbeiter, an das Kapital verkauft. Warum verkauft er sie? Um zu leben.«

Genug der Aufregung. Kommen wir zurück zum Unterhaltsamen. Eine unter Hebammen weitverbreitete Weisheit lautet: »Rein geht einfacher als raus!« Ist der Nachwuchs aber erst einmal da, verbreitet er ausnahmslos gute Laune: Die ersten Monate lässt er seine Eltern nie länger als zwei Stunden am Stück schlafen, danach in der Öffentlichkeit Windeln wechseln, und sobald er stubenrein ist, legt der Spross Legosteine aus, auf die man nächtens öfter als auf die eigene Frau trifft. Kinder sind grausam. Ich möchte das an dieser Stelle einmal aussprechen. Zumindest die ersten fünf Jahre. Danach hat man ein kleines Zeitfenster, um sich an ihnen zu erfreuen, bis sie mit elf über dich sagen: »Meine Eltern sind voll peinlich!«

Anders als Mutter Natur hat der Gesetzgeber durchaus Nachsicht mit den gestressten Eltern und einen Steuer reduzierenden Faktor in die Erklärung eingebaut, bei dem es sich durchaus lohnt, einmal ganz korrekt nachzuzählen. Machen Sie den Schulterblick, und seien Sie ehrlich. Der Junge in der Nachbarschaft, von dem eh alle sagen, dass er so aussähe wie Sie – jetzt ist der Moment. Denn Vater Staat verzeiht nicht nur, nein, er wird Sie sogar belohnen.

K

wie
Kin|der|frei|be|trag, der

Der Kinderfreibetrag ist eine von 156 (!) familienpolitischen Leistungen des Bundes. Insgesamt werden jährlich 200 Milliarden Euro aufgewendet, um den Deutschen schlaflose Nächte und frühpubertierendes Gezanke mit der eigenen Brut schmackhaft zu machen. Allein, es reicht nicht. Mit einer durchschnittlichen Geburtenrate von 1,4 Kindern pro Frau liegen wir innerhalb Europas ziemlich weit hinten. In den Niederlanden bringt eine Frau 1,7 Kinder, in Frankreich 1,9 Kinder zur Welt. In Island sind es sogar 2,2 Kinder [11] (allerdings weiß ich nicht, ob dieser Wert vor, während oder erst nach der Aschewolke erzielt wurde). Ich selbst habe meiner Frau das 0,4te Kind erspart und gehöre somit zu den Losern, auf die eines Tages mit dem Finger gezeigt wird, wenn der Laden dichtmachen muss, weil der Nachwuchs fehlt. Im Fußball schießt Geld bekanntlich Tore, in unserer Familienpolitik offenbar nicht. Woran liegt das?

Zunächst einmal ist die finanzielle Bewertung viel komplizierter als gedacht. Genau wie bei Ostimmobilien kommt es einer Milchmädchenrechnung gleich, den lebenswirklichen Aufwand für ein Kind durch staatliche Zuwendungen abgegolten zu glauben. Ich könnte Ihnen den Kinderfreibetrag nicht einmal erklären, ohne dass mir später der Bundesverband der Steuerberater e. V. mit einer Rassel auf die Finger haut. Grob gesagt, haben Kinder, ähnlich wie Erwachsene, einen jährlichen Freibetrag an steuerfreiem Einkommen, den sie ihren Eltern übertragen können. Da diese aber schon eine Zeckenprämie namens Kindergeld bekommen, wird je nach Einkommen nur die Leistung berücksichtigt, die den größeren Vorteil darstellt.

Ob man das nun versteht oder nicht – festzuhalten bleibt, dass man sich nach Geburt eines Kevin-Pascals steuerlich zumindest nicht verschlechtert. Für junge Eltern ist das wichtig. Was nämlich folgt, sind presswehenartige Attacken auf die Girokonten selbiger, ohne Aussicht auf eine schmerzstillende Rückenmarksspritze im Geburtskanal des Kreditrahmens. Das Statistische Bundesamt hat errechnet, dass Kinder bis zu ihrem achtzehnten Lebensjahr rund 550 Euro im Monat kosten, aber wer eins hat, wird bestätigen können, dass dieser Wert auch tageweise erreicht werden kann. Insbesondere am Anfang. Mit der Kraft einer Saugglocke auf Starkstrom vernichten die neuen Anverwandten sämtliches Guthaben und lassen ihre Eltern bis zum Hals im Dispo zurück. Was kommt dabei zusammen?

118 800 Euro, bis man die Brut guten Gewissens aussetzen darf.

Neben Kinderfreibetrag und Kindergeld gibt es noch eine beachtenswerte Leistung, die uns die Politik bescherte. Das als Herdprämie verschriene Betreuungsgeld soll seit Herbst 2013 Familien belohnen, die sich gegen eine frühkindliche Betreuung in öffentlichen Einrichtungen wie Kindergärten entscheiden und ihrem Nachwuchs einen Wellnessaufenthalt in den eigenen vier Wänden ermöglichen. Dabei können wahlweise Mutter, Vater, Oma oder Opa, aber auch Nichtverwandte die mordsmäßige Belustigung übernehmen – solange sich der kleine Quäker aus staatlichen Einrichtungen fernhält. Heißt im Grunde genommen, dass Mama Geld fürs Bügeln bekommt, während die Kinder ihre Finger in der Steckdose haben.

Sie merken schon, ich mache mich lustig, solange ich noch kann. Denn wenn ich erst mal alt und tatterig bin, finde ich es bestimmt nicht mehr so witzig, wenn unsere Solidargemeinschaft wegen Personalmangel zugrunde gegangen ist. Davon ist aber auszugehen. Aschewolke hin, Aschewolke her. Dabei sind Kinder gar keine Wissenschaft. Man macht sie, kriegt sie und erzieht sie. Jedes IKEA-Regal ist schwieriger zu montieren, als sich um einen Kinderfreibetrag zu bewerben. Ich will Ihnen dazu eine kurze Geschichte erzählen. Als unser Sohn zur Welt kam, standen meine Frau und ich mit beiden

Beinen im Berufsleben. Sie hatte ihre Existenz als Handwerksmeisterin frisch gegründet, und ich bereits die erste Steuerprüfung hinter mir. Wir haben uns mit siebenundzwanzig Jahren bewusst für ein Kind entschieden. Zu dem Zeitpunkt wussten wir beide nichts von den 156 familienpolitischen Leistungen, und die exakte Höhe des Kindergeldes kannten wir auch nicht. Wir wollten jung Eltern werden, um mit spätestens Mitte vierzig wieder unser altes, selbstbestimmtes Leben zu führen. Diese Aussage sorgte in unserem sozialen Umfeld für einen mittelschweren Sturm der Entrüstung, und als meine Frau dann drei Wochen nach der Geburt wieder Vollzeit ihrer Existenzgründung nachging und ich die Ersatzmilch im Wasserkocher anrührte, konnten wir jeden zweiten Kontakt aus unseren Telefonen löschen, da sie eine Rabenmutter und ich per se für die Kleinkindbetreuung nicht geeignet war. Komplett isoliert waren wir dann, als unser Sohn mit vier Monaten in die Ganztagsbetreuung und ich ebenfalls wieder arbeiten ging. Noch schlimmer wurde es, als wir uns trotz Kind erlaubten, auch unter der Woche auswärts essen zu gehen. Wenn ich mich recht erinnere, haben wir sogar trotz Kleinkind miteinander geschlafen. Davon hat sich unser Freundeskreis nicht mehr erholt.

Fazit: Wir würden trotzdem alles wieder genauso machen. Leider weiß ich nicht, welcher Mix aus den 156 Maßnahmen uns half, aber aus Erfahrung als Elternteil möchte ich eine Empfehlung an die Politik aussprechen: bezahlbare Kindertagesstätten ab vier Monate Lebensalter für alle, und spätestens mit Vollendung des ersten Lebensjahr muss das Kind eine solche besuchen. Das tut nicht nur dem Kind gut. Darüber hinaus müsste man familieninterne Leistungen wie zum Beispiel Babysitten durch Großeltern steuerlich ganz einfach geltend machen können. Und zwar auf deren Seite. Externe Leistungen müssen aus der Grauzone raus. Oder soll das Nachbarskind mit dem Quittungsblock auf dem Sofa sitzen, während im Kino der neue James Bond läuft? Ein einkommensunabhängiges Kindergeld ist ebenfalls komplett weltfremd. Wer jährlich 200 Milliarden Euro einsetzt und von Island rechts überholt wird, macht irgendetwas falsch.

Um Rotwein und Kinder wird viel zu viel Geschiss gemacht. Können Sie dieses Buch lesen, OHNE als Kind einen Fahrradhelm getragen, laktosefreie Milch getrunken und lösungsmittelfreien Kleber benutzt zu haben? Herzlichen Glückwunsch – Sie haben Ihre Kindheit überlebt! Haben Ihre Eltern gearbeitet? Konnte Ihr Vater Ihnen nicht jeden Abend eine Geschichte vorlesen, weil er einen Job hatte? Waren Sie in Ihrer Kindheit länger als sechs Stunden von Ihren Eltern getrennt? Dann haben die alles richtig gemacht! Heute undenkbar. Sie wären gar nicht erst zur Welt gekommen. Wer jetzt auch noch anstelle des 400 Quadratmeter großen Gartens in bester Vorstadtlage die Dreizimmer-Mietwohnung mit seinen Erzeugern teilen musste, dürfte sich für den nächsten Punkt interessieren. Man mag es kaum glauben, aber auch in einfachen Verhältnissen soll sich schon so etwas wie Familienglück zugetragen haben. Auch wenn wir früher »nüscht« hatten – einmal im Jahr kam Stimmung auf: Silvester gab es Sekt!

L

wie
Lu|xus|steu|er, die

Geiz ist geil, und Luxus ist lateinisch. Man kann es mit *Verschwendung* übersetzen, und wir benutzen den Begriff, um Verhaltensweisen, Aufwendungen oder Ausstattungen zu bezeichnen, die über ein Normalmaß hinausgehen. Nun gibt es – im Gegensatz zum genormten Maß eines Zentimeters, einer Sekunde und dem Füllstrich eines 0,33-Liter-Pils – beim Luxus keine Latte, die man anlegen kann, um zu bewerten, was noch normal und was bereits Luxus ist. Für mich zum Beispiel ist es Luxus, wenn meine Frau sich nicht allzu oft meldet. Für einen Kumpel von mir wäre es Luxus, überhaupt eine

Frau zu haben. Andere wiederum haben mehrere Frauen und empfinden das als normal. Es ist also kompliziert.

Was ist Luxus? Um uns Normalsterblichen bei solch verzwickten Fragen zu helfen, hat der liebe Gott Politiker erfunden. Politiker haben neben einem untrüglichen Gespür für das rechte Maß auch immer die richtige Portion Überheblichkeit parat, die man benötigt, um dem gemeinen Volk die Welt zu erklären. Die ursprüngliche Idee der Luxussteuer war, das Volk – selbstverständlich nur zu seinem Besten – zu lenken. In früheren Jahrhunderten wurde sie verwendet, um Prunksucht zu verhindern. Die Reichen sollten sich durch ihre feudalen Gewänder, Festmähler oder auch Begräbnisse nicht zu sehr vom Rest der Bevölkerung abheben. Wie so oft in der Geschichte ging der Schuss nach hinten los. Luxus zeichnet sich ja dadurch aus, dass ihn sich nicht jeder leisten kann. Mit einem luxuriösen Lebensstil lassen sich Macht und Reichtum demonstrieren. Je teurer man lebt, desto privilegierter erscheint man. Heißt im Klartext, dass die Verteuerung von Produkten durch eine Luxussteuer deren

Begehrlichkeit steigert und die Lenkungswirkung nicht nur verpufft, sondern sich sogar ins Gegenteil verkehrt.

Die Politik hat das inzwischen begriffen, hält aber an der Idee der Luxussteuer fest, um mit dem Geld die Folgen der Schuldenkrise zu bewältigen. So führte Italien zum Beispiel Anfang 2012 eine Steuer auf Privatflugzeuge ein. In Deutschland ist der Versuch, Luxus zu besteuern, weitestgehend gescheitert. Ein Überbleibsel ist die Hundesteuer. 1810 von den Preußen eingeführt, spült sie heute jährlich gut 275 Millionen Euro in die Kassen der Gemeinden. Ihre Schwester, die Vergnügungssteuer, bringt den Kommunen jährlich sogar 400 Millionen Euro ein. Einen Großteil davon müssen die Betreiber von Spielautomaten abdrücken, aber auch Tanzveranstaltungen und Filmvorführungen gelten stets als Vergnügen. In der Praxis trifft das zwar nicht immer zu, aber bei Steuern ist es wie beim Stein im Schuh: Hat man sich erst einmal daran gewöhnt, geht es. Im Grunde genommen sind diese Steuern Relikte aus der Vergangenheit. Fielen sie jedoch weg, würden den Gemeinden jährlich

675 Millionen Euro fehlen – die nicht zweckgebunden sind. Von der Hundesteuer werden keine zugekoteten Straßen gesäubert und von der Vergnügungssteuer keine besseren Filme gedreht. Davon werden Schwimmbäder, Winterdienste und Betreuungsangebote für Kinder betrieben.

Eine weitere Abgabe mit historischer Bedeutung ist die umgangssprachlich als Sektsteuer bezeichnete Erhebung auf den Genuss von Schaumwein. 1902 wurde sie vom Reichstag zur Finanzierung der kaiserlichen Kriegsflotte eingeführt. Heute bringt sie immer noch jährlich 450 Millionen Euro ein. Entweder sind die Schiffe von Wilhelm dem Zweiten immer noch unterwegs, oder auch hier wurde einfach vergessen, die Steuer wieder abzuschaffen. Möglicherweise wird man sich in 100 Jahren einmal von dem Soli erzählen, dessen Erhebung ursprünglich mit den Kosten für die deutsche Einheit begründet, aber auch ganz lange Zeit später einfach nicht abgesetzt wurde. Geschichte zum Anfassen.[12]

Kaiser Wilhelm II. und seine Preußen. Das waren noch Zeiten. Die preußischen Tugenden stehen noch heute weltweit für Zucht und Ordnung. Mit der Akkuratesse einer Pickelhaube wurde alles gerade gezogen, was wie ein Schluck Wasser in der Kurve hing. Wenn es heutzutage überhaupt noch so etwas gibt, dann findet man es in der Immobilienwirtschaft. Zumindest am Gegenteiltag. Ich schwitze relativ selten unterm dunkelblauen Sakko, aber wenn es so weit ist, dann halte ich eine Mietnebenkostenabrechnung in den Händen. Das ist der Golfkrieg unter den Belegen.

M

wie
Miet|ne|ben|kos|ten|ab|rech|nung, die

Bevor wir loslegen: Jede zweite (!) Abrechnung ist falsch. Das sagt zumindest der Deutsche Mieterbund (DMB). Der muss es wissen, denn auf Basis von 9 Millionen Quadratmetern Wohnfläche und 35 000 Abrechnungen lässt sich das ganz gut beurteilen. Auf derselben Grundlage erstellt der DMB auch den Betriebskostenspiegel, der besagt, dass Mieter bis zu 2,97 Euro monatlich je Quadratmeter an Nebenkosten zahlen.[13] Das macht beim Beispiel einer 80 Quadratmeter großen

Wohnung im Jahr immerhin 2784 Euro aus. Und wofür? Fürs Treppenhauslicht zum Beispiel. Das ist meine Lieblingsposition. Ich wohne im ersten Stock und brauche das Licht maximal 45 Sekunden, um meine Wohnung zu erreichen. Die Kollegen im fünften brauchen es mindestens viermal so lang, vorausgesetzt, sie treffen unterwegs niemanden. Tragen sie wutschnaubend ihre Einkäufe hoch, kann man getrost davon ausgehen, dass die Aktion Spielfilmlänge einnimmt. Und ich sitze finanziell mit im Boot. Ein weiterer, vor Ungerechtigkeit schreiender Punkt ist die Gebäudereinigung. Ich streife meine Lederslipper ordnungsgemäß an der Eingangstür ab, um erstens keinen Ärger mit meiner Frau zu bekommen und zweitens den Flur sauber zu halten, während die vier Nachbarskinder vom Angelausflug kommend ein Kilo Regenwürmer portionsweise über die Etagen verteilen. Und wieder bin ich an den Kosten beteiligt. Wären alle so reinlich oder hätten so eine strenge Frau wie ich, bräuchte man das Treppenhaus höchstens zwei Mal im Jahr putzen. Im Frühjahr und im Herbst.

Kommen wir zum nächsten Punkt: Teilt man die Nebenkosten besser je Quadratmeter oder pro Kopf? Werden sie durch die Quadratmeter geteilt, ist es gut zu wissen, dass der Vermieter auch die Wohnungen im Mietshaus mit berücksichtigen muss, die leer stehen. Teilt man durch die Köpfe, sollte der Vermieter zumindest ungefähr wissen, wer denn so alles in dem Haus wohnt. In unserem Haus gab es eine Wohngemeinschaft, deren Belegung stundenweise variierte. Das hatte zur Folge, dass die Mülltonnen irgendwann nicht mehr ausreichten und größere angeschafft wurden. Ergo wurde es teurer, und dank der Umlage je Quadratmeter war ich beim Abfall wieder dabei. Obwohl wir fast nur auswärts essen und dort, wo andere eine Küche ihr Eigen nennen, lediglich eine Fototapete haben. Meine Frau kocht ausschließlich mit dem Telefonhörer. Entweder sie bestellt beim Pizzataxi, oder sie reserviert einen Tisch. Fragt man unseren Sohn nach seinem Lieblingsessen, sagt er: »Die 17a mit doppelt Käse.«

Zurück zu den Quadratmetern. Keine Ahnung, was der Mieterschutzbund dazu sagt, aber ich persönlich kann Ihnen nur empfehlen, die im Mietvertrag angegebene Wohnfläche einmal nachzumessen. Gibt es diese 80 Quadratmeter überhaupt? Und wenn ja – sind die Schrägen auch ordnungsgemäß abgezogen? Ach, Sie haben keine Schrägen? Macht nichts: Bauen Sie sich welche ein. Das ist schnell gemacht. Sparen können Sie sich auch die in den Nebenkosten gern mit in Anrechnung gebrachten Verwaltungskosten. Diese sind nämlich reine Vermietersache. Haben Sie den Verdacht, dass der Hausmeister versteckt die Hausverwaltung übernimmt, kann ein Kreuzverhör schnell für Klarheit sorgen. Verzichten Sie aber auf Waterboarding.

Übrigens: Einen Teil der Nebenkosten kann man von der Steuer absetzen. Das betrifft haushaltsnahe Dienstleistungen wie zum Beispiel Reinigung, Schornsteinfeger, Hausmeister, Aufzugs- und Heizungswartung sowie Gartenpflege. 20 Prozent – bis zu einem Höchstbetrag von 4 000 Euro – kann man jährlich geltend machen. Und braucht man dann doch mal einen Handwerker, kann man die Kosten in gleicher Höhe bis zu 1 200 Euro absetzen.

Zum Beispiel, um sich Schrägen einbauen zu lassen. Beim Handwerker ist wichtig, dass man ihn vom Girokonto und gegen Rechnung bezahlt. Bedeutet in der Praxis also, dass man mindestens acht Wochen auf einen Termin wartet.

Darauf bezogen gibt es eine weitere Besonderheit. Das Finanzamt akzeptiert nur die reinen Arbeits- und Fahrtkosten. Das Material ist ausgeschlossen. Der Vermieter muss es in der Abrechnung also separat ausweisen, und wenn Sie selbst einen Handwerker beauftragen, können Sie ihm ja anbieten, das Material schwarz zu bezahlen. Dann steht er am nächsten Tag auf der Matte.

Ich gerate schon wieder stark in die Ratgeber-Ecke. Das geht nicht gut. Also, bitte, bauen Sie sich keine Schrägen ein. Und was meinen Sohn betrifft: Der mag in Wirklichkeit die 19b und nicht die 17a. Doppelt Käse stimmt allerdings. Schmeckt einfach besser.

Der süße Geschmack des Doppelten verführte in den letzten Jahren auch den SPD-Kanzlerkandidaten des Superwahljahres 2013, Steinbrück. Der Problem-Peer machte gleich nach Bekanntgabe seiner Kanzlerkandidatur eine interessante Erfahrung: Seine Nebeneinkünfte stießen nicht auf das von ihm erhoffte Verständnis. Aber warum nur? Er hatte alles brav versteuert, sich an geltendes Recht gehalten und das Vortragshonorar der klammen Stadtwerke Bochum im Nachhinein gespendet. Juristisch gesehen ist das so in Ordnung.

Wie sieht es eigentlich bei uns kleinen Fischen aus, wenn wir nebenbei Taxi fahren, Nachhilfeunterricht geben oder eine Bank überfallen? Müssen wir auch alles offenlegen, oder sagt der Staat: »Ein bissl für die Partykasse geht in Ordnung«?

N

wie
Ne|ben|ein|künf|te, die

Es gibt die Partykasse tatsächlich. Allerdings nur bis 410 Euro im Jahr. Alle Einnahmen, die darüber hinaus reichen, müssen angegeben und versteuert werden. Betroffen sind alle Einkünfte aus Gewerbebetrieb, Land- und Forstwirtschaft, sonstige Einnahmen Selbstständiger und Freiberufler, aber auch Vermietungs-, Kapital- oder Renteneinkünfte, genauso wie Einkünfte aus Spekulationsgeschäften. Ein Herz für Leute, deren Partys ein wenig größer ausfallen, hat das Finanzamt auch. Bis 820 Euro im Jahr tritt ein sogenannter Härteausgleich in Kraft, der besagt, dass die Differenz zwischen Höhe der

Nebeneinkünfte und den besagten 820 Euro als Freibetrag anzurechnen ist. So weit, so nicht verstanden, und seien wir doch mal ehrlich: Einen Blumentopf kann man damit nicht gewinnen. Denn außerhalb von Steinbrücks Dimensionen dient der Nebenverdienst in erster Linie nicht dazu, die Freizeit sinnvoll zu gestalten, sondern vielmehr dafür, weiteres Geld zu erwirtschaften, um angenehmer leben zu können. Und wie lebt es sich am angenehmsten? Richtig, als Selbstständiger. Um zu testen, wie es sich anfühlt, den Tag im Porsche Cabrio, die Abende beim Luxusitaliener und die Nächte in Bordellen zu verbringen, gibt es die Selbstständigkeit auf Probe – eine Existenzgründung im Nebenerwerb. Doch bevor man sich entscheiden kann, ob das rote Leder zum weißen Auto passt, gilt es, ein paar Dinge zu beachten. Ein Nebengewerbe darf nicht in Vollzeit betrieben werden. Außerdem bedarf es, wie der Name schon sagt, eines Hauptberufs. Der Gesetzgeber gibt unter fünfzehn Wochenstunden als arbeitszeitlichen Richtwert für den Nebenerwerb an. Außerdem müssen auch Kleingründungen beim Gewerbe- beziehungsweise Finanzamt angemeldet werden. Sie unterliegen den gleichen gesetzlichen

Erfordernissen wie eine Existenzgründung im Vollerwerb. Heißt konkret, dass man auch beim Probebetrieb einer Fluglinie die Luftfahrtbehörde informieren sollte, dass es Ikarus noch einmal probiert. Außerdem tut es neben einer Geschäftsidee ebenfalls ganz gut, wenn man nicht ausschließlich für einen »Kunden« tätig ist. Dann liegt nämlich eine Scheinselbstständigkeit vor, die genauso ungern vom Finanzamt gesehen wird wie die Umsetzung des gut gemeinten Tipps, dass man die Anlaufkosten für das neue Gewerbe mit positiven Einkünften aus dem Hauptberuf verrechnen kann. Rechtlich kann man das zwar, aber der Vorwurf der Liebhaberei steht schneller im Raum, als die halbe Milliarde für die neue Boeing abgesetzt ist. Ist das alles berücksichtigt, kann man die vorperforierten Visitenkarten in den Tintenstrahldrucker legen und bei den Gelben Seiten eine Anzeige in Auftrag geben.

Liegen die Betriebseinnahmen jährlich unter 17 500 Euro, also unter der Summe, die Peer Steinbrück von den Stadtwerken in Bochum für einen Vortrag bekam, reicht dem Finanzamt eine formlose Gewinnermittlung aus. Bis zu dieser Grenze besteht auch die Wahlfreiheit bei der Umsatzsteuer. Liegen die Einnahmen aber nur einen Euro darüber, muss man 19 Prozent Mehrwertsteuer abführen und ausweisen.

Für die zahlreichen Fans der RTL-Serie *Bauer sucht Frau* habe ich noch einen ganz besonderen Tipp parat. Die Landwirtschaft im Nebenerwerbsbetrieb, in Fachkreisen Feierabendbauern genannt, bietet das grüne Kennzeichen an. Damit sind Fahrzeuge von der Steuer befreit. Ebenfalls kann man hier den Vorwurf der Liebhaberei schnell entkräften, wenn man freundlich darauf hinweist, dass es bereits im Namen eines *Lohnbetriebs in der Landwirtschaft* enthalten ist, dass man erst mal gucken muss, ob es sich auch lohnt.

Die flachen Witze sind immer noch die besten. Ich muss jetzt aufpassen, dass das Niveau nicht sinkt. Ich gebe nämlich die Hoffnung nicht auf, dass Angela Merkel dieses Buch liest, und es wäre mir äußerst peinlich, wenn ihr nur ein Witz über Feierabendbauern in Erinnerung bliebe. Treten wir ihr zu Ehren eine Reise in den Osten der Republik an. Helmut Kohl stellte dort blühende Landschaften in Aussicht; ich persönlich erfreue mich regelmäßig an den tollen Autobahnen. Historisch betrachtet, ist es gar nicht mal so einfach, sich in Deutschland über Autobahnen zu freuen, aber was nach der Wende dort gebaut wurde, ist der Wahnsinn. Quasi der moderne Teil von Deutschland. Das müsste man mal den Leuten im Ruhrgebiet zeigen – die würden Augen machen! Schließlich haben sie das ja bezahlt. Wenn ich jetzt so darüber nachdenke, könnte man den Soli auch als Autobahnmaut deklarieren. Also, ihr staugeplagten Wessis – auf in den Osten, da ist die Freiheit grenzenlos!

O

wie
Ost|im|mo|bi|li|en, die

»Ich habe mein ganzes Geld mit Ostimmobilien verloren!« Diesen Satz liest man immer noch regelmäßig auf den letzten Seiten der bunten Blätter beim Friseur, sozusagen im Hartz-IV-Register von *Bunte, Gala* & Co. Komischerweise halten die prominenten Beispiele dabei immer gut gelaunt ein Glas Champagner in der Hand. Das mag entweder daran liegen, dass sie bei diesen als VIP-Empfang getarnten Essensausgaben kostenlos feste und flüssige Nahrung bekommen, oder daran, dass sie nach dem achten Lifting einfach nicht mehr traurig gucken können. Ich könnte die nächsten zwei

Seiten mit Namen aus dem Showgeschäft füllen, die ihr angebliches Vermögen mit Investitionen zwischen Neubrandenburg und Zwickau verloren haben, verzichte aber darauf, weil Schadenfreude nicht die beste Charaktereigenschaft ist und keiner dieser Prominenten selbst schuld war, sondern es immer einen dubiosen Berater mit Generalvollmacht gab, der das Ding gegen die Wand fuhr. Statt »Ich habe mein ganzes Geld mit Ostimmobilien verloren!« könnte man also genauso gut sagen: »Ich bin zu doof, mit Geld umzugehen!« Aber klar, »Ostimmobilien« liest sich gleich viel besser, und in Kombination mit »um Steuern zu sparen« stößt man in der Regel auf großes Verständnis. Denn nicht nur Prominente haben mit ihren subventionsgeförderten Anlagen im Ostteil von Deutschland Geld verloren, auch viele Normalbürger mussten auf einmal feststellen, dass sich eine luxussanierte Altbauwohnung in Rathenow (Landkreis Havelland) nur so mittelgut vermieten lässt. Schade, dass man sie für den doppelten Marktpreis gekauft hat, um 50 Prozent Steuern zu sparen. Das bringt uns zum Punkt. Das fiskalpolitische Instrument rund um Investitionen in Ostdeutschland lautete vereinfacht gesagt: 50 Prozent der Investitionssumme konnten SOFORT vom zu versteuernden Einkommen abgezogen werden. Großverdiener mit einem Steuersatz von 50 Prozent wurde somit ein Viertel der Investition geschenkt. Dieses Programm galt als größtes Steuergeschenk des letzten Jahrhunderts. Gier frisst bekanntlich Hirn, und Ahnungslosigkeit kostet Geld.

Lassen wir einmal von den Großverdienern ab – das Mitleid hält sich da bei mir in Grenzen – und kommen zu den bereits erwähnten Normalos. Wer in Deutschland 60 000 Euro verdient und verheiratet ist, zahlt gut 18 Prozent Einkommenssteuer. Warum muss man sich da direkt oder indirekt an Immobilienspekulationen beteiligen, um Steuern zu sparen? Und dann auch noch kreditfinanziert. Man kauft sich also mit Geld, das man nicht hat, etwas, das offensichtlich so schlecht ist, dass es steuerliche Anreize braucht, um es attraktiv zu machen. Ich habe die Weisheit nicht mit dem Löffel gefressen, aber das ist das Beklopptestе, was ich je hörte. Wer in diesem Land ein Auto steuern, Parteien wählen und sich frei vermehren darf sowie die Grundrechenarten außerhalb einer Baumschule gelernt hat, dem sollte klar sein, dass dieser Versuch nicht aufgehen kann.

Fangen wir aber ganz vorn an. Die DDR sperrte ihre Bürger 41 Jahre lang erfolgreich ein. Während die Westdeutschen in den Siebzigern die Flugreise für sich entdeckten und überall ungefragt ihre Handtücher ausbreiteten, mussten sich die Ostdeutschen gegenseitig beim FKK innerhalb der Landesgrenzen zugucken. Irgendwann kippte die Stimmung, und der Freiheitsdrang war stärker als jede Mauer. Und als die Ossis endlich wegdurften, was haben die Wessis da gemacht? Sie haben ihnen dort weitere Wohnungen gebaut. Fehler Nummer eins. Und womit haben sie die Wohnungen gebaut? Mit Geld, das sie nicht hatten. Fehler Nummer zwei. Und warum haben sie die Wohnungen gebaut? Um Steuern zu sparen. Fehler Nummer drei.

So blöd sind fast alle Steuersparmodelle. Als Kaufmann frage ich mich immer erst nach dem Sinn einer Investition. Wenn das Geschäftsmodell nicht zu 100 Prozent einleuchtend ist, ist Steuern sparen einfach kein Argument. Außerdem kauft man sich mit fremdem Geld keine Verluste ein. Denn genau das steckt hinter diesen oft zitierten GmbH-&-Co.-KG-Modellen, mit denen findige Finanzberater durch die reihenhausbesiedelten Vorstädte zogen, um auf den Nerv der Steuerersparnis bei völliger Ahnungslosigkeit der Anleger zu treffen.

Im Jahr 2005 wurde dieser Praxis durch neue Regelungen ein Riegel vorgeschoben. Dennoch bluten immer noch viele Anleger nach, die im Grunde genommen ohne Not zu Unternehmern wurden und somit auch das Risiko eines Totalverlustes trugen. Solche Investitionen sind keine Einbahnstraßen. Wenn der erworbene Teil eines Unternehmens nichts mehr wert ist – also die Immobilie oder auch ein Schiff –, haftet man mit seiner Einlage. Hat man die auch noch fremdfinanziert, ist man plötzlich verschuldet. Und dabei wollte man doch nur Steuern sparen.

Fazit: Man kann ja eine Menge über Steuergerechtigkeit erzählen, aber es gibt einen Fakt: Man muss nur Steuern zahlen, wenn man Geld verdient. Niemand wird geschröpft. Künstliche Ausgaben erschaffen, um eine in der Regel moderate Last zu verringern, ist ein schlechtes Geschäft. Die besten Investitionen sind die in Erinnerungen. Nehmen Sie Ihr Geld, und verreisen Sie. Lernen Sie die Welt kennen. Es gibt Millionen ehemaliger DDR-Bürger, die darauf vier Jahrzehnte lang verzichten mussten.

Wie geht es eigentlich Wolfgang Lippert? Ihm brannte ja auch mal gehörig der Kittel. Wie man an seinem Beispiel sieht, haben nicht nur Westdeutsche in Ostimmobilien investiert. Er kaufte laut Medienberichten für 2,4 Millionen Mark auf Kredit ein Ostberliner Mehrfamilienhaus, das aber nur 850 000 Mark wert war, und verpflichtete sich der Treuhand gegenüber, 1,5 Millionen Mark in ein altes Köpenicker Kino (!) zu investieren.[14] *Bei so viel Sachverstand seinerseits war es nur folgerichtig, dass er keine Kredite mehr erhielt und schlussendlich Privatinsolvenz anmelden musste. Bei der Bewertung griechischer Finanzhasardeure sollte man unsere jüngste Nachwende-Vergangenheit nicht ganz außer Acht lassen.*

P

wie
Pri|vat|in|sol|venz, die

Die Privatinsolvenz ist die weiße Flagge unter den »Belegen«. Wenn gar nichts mehr geht und die Versandhäuser statt Katalogen nur noch Mahnungen schicken, ist es an der Zeit, den geordneten Rückzug anzutreten.

In Deutschland wurde 1999 die Konkursordnung durch das Insolvenzrecht abgelöst. Seitdem ist in der Insolvenzordnung das Verbraucherinsolvenzrecht geregelt, die sogenannte Privatinsolvenz. Im Grunde genommen ein vereinfachtes Insolvenzverfahren zur Abwicklung von Zahlungsunfähigkeiten bei Privatpersonen. Für gescheiterte Selbstständige gilt es nur, wenn diese weniger als zwanzig Gläubiger und keine Verbindlichkeiten aus Beschäftigungsverhältnissen mit Arbeitnehmern haben. Das Neue an diesem Verfahren war, dass 6 Jahre nach Eröffnung des Verfahrens eine Restschuldbefreiung in Kraft tritt, vorausgesetzt, man hält sich an gewisse Spielregeln. Heißt auf Deutsch: Nach sechs Jahren Suppe und Kartoffeln kann man sich den Jahrgangschampagner wieder getrost auf Rechnung bestellen. Wer jetzt denkt, dass sich das mehr als gut anhört, ist in bester Gesellschaft. Über 100 000 Verfahren werden jährlich eröffnet. Was muss man beachten?

Das Privatinsolvenzverfahren funktioniert mehrstufig. Als Erstes muss man mithilfe eines zugelassenen Beraters – das kann ein Rechtsanwalt, ein Steuerberater oder eine Schuldnerberatungsstelle sein – eine Übersicht aller Verbindlichkeiten erstellen. Auf dieser Basis schlägt man den Gläubigern mittels eines Schuldenbereinigungsplans eine komplette Entschuldung vor. Darin kann alles Mögliche vereinbart werden. Zum Beispiel der Verkauf eines Autos oder der Schwiegermutter, um zumindest einen Teil der Schulden bezahlen zu können. Gelingt eine einvernehmliche Einigung mit allen, ist der Kopf aus der Schlinge, und oft muss man nur einen Bruchteil seiner ursprünglichen Verbindlichkeiten zahlen. Spricht sich aber nur ein Gläubiger gegen den Plan aus und betreibt weiter seine Zwangsvollstreckung, ist der Versuch einer außergerichtlichen Einigung gescheitert, und der Schuldner muss das Verbraucherinsolvenzverfahren beantragen. An dieser Stelle sei erwähnt: Berater und Gerichtsverfahren kosten bekanntlich Geld. Die Gerichte stunden aber bei Härtefällen nicht nur die Verfahrenskosten, sondern verteilen sogar Beratungsgutscheine an die Schuldner, damit die sich professionelle Hilfe leisten können. Lediglich 10 Euro Eigenanteil braucht man, um loslegen zu können. Bevor man sich den nächsten zwei Meter breiten Flachbildschirm auf Pump bestellt, sollte man sich diese 10 Euro also unters Kopfkissen legen.

Danach geht es schnell. Das Gericht prüft den bereits erstellten Schuldenbereinigungsplan und kann eine Einigung erzwingen, wenn nicht mehr als die Hälfte der Gläubiger gegen den Plan einer geordneten Rückführung der Verbindlichkeiten stimmt. Klappt auch das nicht, wird ein vereinfachtes Insolvenzverfahren eröffnet. Es folgt die Pfändung aller verwertbarer Vermögensgegenstände (Tschüss, Flachbildschirm!), und ein eingesetzter Treuhänder kümmert sich darum, dass der Erlös daraus den Gläubigern zugeführt wird. Natürlich abzüglich Gerichtskosten. Gleiches gilt für zukünftige Einnahmen des Schuldners, um deren Beschaffung er sich bedingungsgemäß kümmern muss. So hart es klingt: Er muss sich einen Job suchen. 1 000 Euro darf er monatlich für sich behalten, der Rest geht an seine Gläubiger. Das ist schon die Stufe drei. Sechs harte Jahre voller Arbeit und wohlwollendem Verhalten inklusive dem Melden von Wohnsitzverlegungen und Arbeitsplatzwechseln stehen dem Privatinsolventen bevor. Er muss während dieser Zeit sogar in Erbschaftsfällen die Hälfte an seine Gläubiger abgeben und darf keine Vermögensgegenstände oder Einkünfte vor dem Treuhänder verstecken. Ohne es recherchiert zu haben, gehe ich aber davon aus, dass man ihm wenigstens die Playstation lässt. Ein weiterer Lichtblick für den Schuldner in der sogenannten Wohlverhaltensperiode ist, dass er Geschenke und Gewinne, zum Beispiel aus Lottoziehungen, komplett behalten darf. Hält er sich daran, steht der Restschuldbefreiung nach sechs Jahren nichts mehr im Weg.

Geldstrafen oder Schadenersatzforderungen nach Diebstahl, Betrug oder Körperverletzung kann man im Übrigen durch eine Privatinsolvenz nicht wie Schuppen abschütteln. Gleiches gilt für Unterhaltszahlungen.

Mit einem Reformversuch des Verbraucherinsolvenzrechts hat der Bundestag am 16. Mai 2013 das *Gesetz zur Verkürzung des Restschuldbefreiungsverfahrens und zur Stärkung der Gläubigerrechte* verabschiedet. Darin ist geregelt, dass der Schuldner bereits nach drei Jahren von seiner Restschuld befreit ist, wenn er mindestens 35 Prozent beglichen hat. Wenn er nur die Verfahrenskosten tilgen kann, winkt in Zukunft bereits nach fünf Jahren die Befreiung. Alle anderen müssen weiterhin sechs Jahre schmoren. Das neue Gesetz soll am 01. Juli 2014 in Kraft treten.

Fazit: Donnerwetter! Man kann also nach drei, fünf beziehungsweise sechs Jahren komplett schuldenfrei sein. Und zwar nicht, weil man selbige zurückbezahlt, sondern weil man sie erlassen bekommen hat. Bedenken Sie das bitte immer, wenn sich solche Kollegen – ich schreibe jetzt nicht: Wolfgang Lippert – mit einem Glas Champagner in der Hand ablichten lassen und sagen, dass sie wieder »schuldenfrei« seien.

Es gibt Dinge zwischen Himmel und Erde, die müssen passiert sein, als der liebe Gott am Sonntag ruhte. Stellen Sie sich bitte mal das dumme Gesicht eines Handwerkers vor, der von seiner 10 000-Euro-Rechnung nur 3 500 Euro erhielt und zufälligerweise drei Jahre später das Vergnügen hat, mit seinem ehemaligen Schuldner bestens gelaunt im gleichen Urlaubsort zu sitzen. Totschlagen darf er ihn nicht. Er kann nur darauf hoffen, dass der Mistkerl nicht auch noch im Lotto gewonnen hat.

Q

wie Quatsch, was soll denn der

Zu Beginn dieses Buchs erzählte ich Ihnen, wie ich das Gymnasium ohne Abitur verließ und auf der Handelsschule mein Glück fand. Doch auch dort gab es Dinge, die mir genauso unsinnig erschienen wie zuvor das Auswendiglernen von atomaren Verbindungen auf dem Gymnasium. Die Umsatzsteuer wurde mein neuer Chemieunterricht. In ihren Gesetzmäßigkeiten ist sie ähnlich verwirrend wie Quecksilber, das sich als einziges Metall weigert, unter Normalbindungen fest zu werden. In der Regel beträgt die Umsatzsteuer nämlich 19 Prozent – aber von dieser Regel gibt es mehr Ausnahmen als Löcher im Emmentaler. Die Begründung dafür scheint einleuchtend: Dinge des alltäglichen Lebens sollen durch einen reduzierten Steuersatz für jedermann erschwinglich gemacht werden. Unklar ist jedoch, nach welchen Kriterien entschieden wird, was alltäglich ist und was nicht. Selbst mittelmäßig intelligenten Menschen wie mir ist es eher möglich, das große Latinum unter Verwendung des Sonnensystems auf Spanisch in das Periodensystem der Elemente zu nageln, als zu begreifen, warum Babywindeln mit 19 Prozent, frische Trüffeln aber nur mit 7 Prozent besteuert werden.

Die reduzierte Umsatzsteuer ist eine glasklare Steuersubvention. Subventionen oder sogenannte Lenkungssteuern werden bewusst vom Staat eingesetzt, um bestimmte Effekte zu erzielen. Wenn dabei herauskommt, dass Lebensmittel billiger sind als die Tische, von denen sie gegessen werden, ist das zunächst einmal begrüßenswert. In der Praxis aber sind die meisten Subventionen dem Wahnsinn näher als Helge Schneider. Anders ist es nicht zu erklären, dass Katzenfutter nur mit 7 Prozent,

Medikamente aber mit 19 Prozent besteuert werden. Das wohl berühmteste Beispiel ist die Currywurst. Frei stehend verzehrt, wird sie mit 7 Prozent besteuert, am Stehtisch lehnend hingegen mit 19 Prozent. Darüber hinaus gibt es Leistungen, die komplett von der Umsatzsteuer befreit sind. Einleuchtende Regelungen jedoch sucht man auch hier vergebens. Blinde Unternehmer mit maximal zwei Mitarbeitern zum Beispiel müssen nicht abdrücken, gehörlose hingegen schon. Was passiert aber, wenn der Blindenhund eine Currywurst isst, die vom Stehtisch gefallen ist? Und was meint ein Handwerker, wenn er fragt: »Brauchen Sie die Märchensteuer?«

Die schwarz-gelbe Bundesregierung stellte in ihrem Koalitionsvertrag der letzten Legislaturperiode eine Reform in Aussicht, und gleich mehrere Universitäten empfahlen einer eigens dafür eingerichteten Arbeitsgruppe, alle ermäßigten Mehrwertsteuersätze (außer auf Lebensmittel) abzuschaffen. Mit dieser Maßnahme hätte der Staat entweder 10 Milliarden mehr einnehmen oder den regulären Satz ohne Einbußen für alle auf 18 Prozent senken können. Die Arbeitsgruppe traf sich in vier Jahren kein einziges Mal, und das Geschacher um Vergünstigungen für Einzelne ging munter weiter.[15] So war es wohl in erster Linie gute Lobbyarbeit, die in der jüngsten Umsatzsteuergeschichte dafür sorgte, dass Hotels seit dem Jahr 2010 nur noch den reduzierten Umsatzsteuersatz auf Übernachtungen zahlen müssen.

Fazit: Im Gegensatz zur Einkommenssteuer, die seit jeher die Gemüter erregt, ist die Umsatzsteuer eine *leisere* Erhebung, die – verteilt auf uns alle und mit Pfennigbeträgen bei Anschaffungen des täglichen Lebens – für viel zu wenig Aufregung sorgt, als dass Politiker die Mühe auf sich nehmen würden, sich durch das Dickicht der Verstrickungen von Blumenhändlern, Pharmariesen und der Tiernahrungsindustrie zu quälen. Dass man allerdings auch pleite gehen kann, wenn man *20 Prozent auf alles, außer auf Tiernahrung* gibt, darf als bewiesen gelten.

Hören Sie dieses Buch eigentlich, oder lesen Sie es? Und wenn ja, wo? In einem Mövenpick-Hotel oder zu Hause? Ich möchte nicht neugierig erscheinen, aber was die Umsatzsteuer betrifft, ist dies nicht unwesentlich. So wird ein Hörbuch mit 19 Prozent, ein gedrucktes Buch aber nur mit 7 Prozent besteuert. Von günstigeren Preisen bei Hotelübernachtungen habe ich persönlich übrigens noch nichts bemerkt. Oder haben Sie bei Ihrem letzten Hotelaufenthalt irgendwo einen Fruchtkorb herumstehen sehen? Im Grunde genommen bedeutet die reduzierte Steuer auf Hotelübernachtungen nichts anderes, als dass bei gleichen Preisen für das Unternehmen eine geringere Zahllast anfällt und der Verbraucher in die Röhre guckt. Wäre in dieser Subvention wenigstens eine kostenlose Minibar enthalten, könnte man der Sache ja noch was Gutes abgewinnen – so bleibt es aber eine gehörige Verarsche. Die FDP wurde bei der Bundestagswahl 2013 dafür gehörig abgestraft. Sie kam auf weniger Prozente als eine Flasche Beck's. Doch hat man sich erst mal mit den Preisen für Getränke aus der Minibar abgefunden, kann so eine Hotelübernachtung allerlei positive Überraschungen bieten, die in den Erinnerungen und der Steuererklärung unter Dienstreise abgelegt werden können.

R

wie Rei | se | kos | ten, die

Reisekosten können bei allen beruflich oder betrieblich bedingten Reisen anfallen. Das bedeutet, dass der Zweck der Reise die private Lebensführung nicht oder nur unwesentlich berührt. Klingt erst mal langweilig? Keine Panik – man ist ja trotzdem von zu Hause weg. Denn das ist die gute Nachricht: Als »Reise« ist die gleichzeitige Abwesenheit von Wohnung und der regelmäßigen Arbeitsstätte definiert.

Neben der obligatorischen Happy Hour an der Hotelbar gehören Fahrtkosten, Verpflegungsmehraufwand und eventuell anfallende Reisenebenkosten mit zu den Aufwendungen, die Gewerbetreibende als Betriebsausgaben und Angestellte als Werbungskosten geltend machen können – unter bestimmten Umständen.

Die Wahl der Verkehrsmittel steht dem Reisenden frei. Flugtickets, Fahrkarten der Bahn, Kosten für öffentlichen Personennahverkehr und sogar Aufwendungen für Fähren können in Abzug gebracht werden. Nutzt man einen Dienstwagen, sind die Ausgaben dafür bereits abgegolten und können nicht mehr gesondert ausgewiesen werden. Anders sieht es beim privaten Pkw aus. Hier gibt es eine Kilometerpauschale in Höhe von 30 Cent. Private Motorräder werden mit 13 Cent und Fahrräder sogar mit 0,05 Cent berücksichtigt. Man muss kein Mathematikgenie sein, um zu erahnen, dass man bei pauschal 30 Cent je Kilometer in jedem Fall den Kürzeren zieht. Je nach Berufsstand kommen Bus oder Fahrrad aber nicht immer infrage – oder würden Sie einem Autoverkäufer trauen, wenn der mit geschultertem Fahrrad den Bus der Linie 646 am Zentralen Omnibusbahnhof verlässt?

Kommen wir zu den Übernachtungskosten. Tatsächlich angefallene Aufwendungen in Form von Belegen aus Hotel, Herberge oder Fremdenzimmer sind voll anzuerkennen. Allerdings ohne Frühstück. Ist das auf der Rechnung nicht separat ausgewiesen, wird der Betrag im Inland um 4,80 Euro und im Ausland um 20 Prozent des dort geltenden Pauschalbetrags für Verpflegungsmehraufwand gekürzt. Ich möchte ja niemanden auf dumme Gedanken bringen, aber wenn man sich überlegt, dass allein ein Frühstücksei im Ritz-Carlton 7,50 Euro kostet, kann es durchaus ein Geschäft sein, sich die Übernachtung inklusive Frühstück belegen zu lassen. Die Kosten für Garage, Minibar, Fernseher und Telefon sind leider keine Übernachtungskosten. Auch nicht, wenn man im eigenen PKW schläft, der in der Hotelgarage abgestellt ist. Letztere gehören zu den Reisenebenkosten, die auch Parkgebühren, Maut, Storno- und Umbuchungsaufwendungen enthalten.

Damit wäre das Set-up so einer Dienstreise umrissen. Man muss also trickreich Belege sammeln, aufs Pay-TV verzichten und dem Verlangen nach der Minibar mit einem Vorhängeschloss Einhalt gebieten. Wenn Sie sich jetzt fragen, wo denn da bitte der Spaß bleibt, lautet die letzte Ausfahrt: Verpflegungsmehraufwand. Eine wunderbare Einrichtung der Steuergesetzgebung, die es schon Generationen von Dienstreisenden erlaubte, das Lebensgefühl der Rolling Stones zumindest in Grundzügen nachzuempfinden. Lohn- und Gehaltsempfänger können sich nämlich sensationelle 24 Euro steuerfrei und pauschal je Reisetag für Mehraufwendungen erstatten lassen, die sie aus beruflichen Gründen haben, wenn sie sich für mindestens 24 Stunden außerhalb der eigenen Wohnung aufhalten. Dieses Trinkgeld ist sozusagen der Kegelausflug in jeder Steuererklärung, und bei 12 Stunden Schlaf kann man sich den Rest des Tages für 2 Euro abwechselnd einen Döner und 0,5 Liter Dosenbier bestellen.

Fazit: 30 Cent je Kilometer im eigenen Pkw, 24 Euro Tagegeld und Anrechenbarkeit von Fahrkosten, ohne am Arbeitsplatz und in der eigenen Wohnung sein zu müssen – wer jetzt nicht sofort überlegt, ob sich auch ein beruflich bedingter Besuch auf Norderney anbietet, dem kann nun wirklich nicht mehr geholfen werden.

Nach der Dienstreise kommen wir zum nächsten großen Mysterium der Steuerwirklichkeit. Ich selbst bin als Unternehmer nicht nur verpflichtet, mein Einkommen zu erklären, sondern es auch im Rahmen einer Prüfung auf steuerlich relevante Sachverhalte hin überprüfen zu lassen. In meinem Fall wäre das eine Betriebsprüfung; generell können aber alle Steuerpflichtigen im Rahmen einer Außenprüfung durch das zuständige Finanzamt kontrolliert werden. Nur dass bei Lohn- und Gehaltsempfängern bestimmte Vorausetzungen erfüllt sein müssen (es sei denn, sie verdienen mehr als 500 000 Euro), während Gewerbetreibende ohne besondere Voraussetzungen überprüft werden können. Das ist gar nicht schlimm, und jede Wurzelbehandlung beim Zahnarzt ist schmerzhafter, als dem Finanzamt Aufzeichnungen, Bücher und Geschäftspapiere zur Einsicht vorzulegen – was wirklich wehtut, sind die schnapsgetränkten Geschichten einiger Überprüfter, die immer mit folgendem Satz enden: »Und dann hat mir das Finanzamt ALLES genommen!« Ist das wirklich so?

S

wie
Steu|er|prü|fung, die

Zu Beginn dieses Buches versprach ich Ihnen, der Frage nachzugehen, ob 41 kleine Weizen, drei Wodka und ein Schokotörtchen als steuerlich absetzbare Bewirtung durchgehen oder in der privaten Krankenversicherung als außergewöhnliche Belastung anzusiedeln sind. Aus dem Bauch heraus scheint die Sache eindeutig (ganz klar Bewirtung!!!), aber ein bekannter Unternehmer erzählte mir anhand dieses Beispiels von einer Betriebsprüfung, die ihn nach eigenen Angaben nicht nur Kopf und Kragen, sondern auch Ehefrau, Kinder und das Eigenheim kostete. Solche Geschichten werden meist im Rahmen von Silberhochzeiten verbreitet, wo komischerweise immer ein gesetzter Quotenunternehmer zu späterer Stunde angesoffen von den Gräueltaten einzelner Finanzbeamter erzählt. Wenn auch nur jede zweite dieser Geschichten wahr wäre, müsste man sich als Steuerpflichtiger zur Entspannung einen Aufenthalt in Nordkorea wünschen.

Wer aus Angst vor der Steuerfahndung nicht ruhig schlafen kann, sollte wissen, dass es einen idiotensicheren Trick gibt, um nicht belangt zu werden: Agiere stets innerhalb der gesetzlichen Möglichkeiten, und dir passiert nichts! Wenn ein Bankräuber bestraft wird, wundert sich niemand darüber. Bei Steuerfragen hingegen habe ich immer wieder festgestellt, dass dem Staat eine Willkür unterstellt wird, die Kim Jong-un vor Freude über die Chinesische Mauer springen ließe. Klar, beim reduzierten Umsatzsteuersatz wird wohl nie jemand durchblicken – aber wie hart trifft uns das wirklich? Im schlimmsten Fall muss ich als Unternehmer in der Lage sein, zu klären, ob die Currywurst eines Rollstuhlfahrers am Stehtisch eingenommen mit 7 oder

19 Prozent besteuert wird. Aber das macht einen Unternehmer aus: Er muss sich in seinem Beritt auskennen und innerhalb der Steuergesetzgebung genauso korrekt wie in allen anderen Bereichen handeln. Vor allem sollte er das während der Geschäftszeiten erledigen und nicht abends an der Theke.

Was passierte jetzt aber mit dem *41 kleine Weizen …*-Beleg? Im Rahmen der Schlussbesprechung der Betriebsprüfung bot man dem Unternehmer an, entweder einem pauschalen Abzug von 20 Prozent auf alle eingereichten Bewirtungsaufwendungen zuzustimmen oder jeden Beleg gesondert auf Absetzbarkeit hin zu überprüfen. Seine damalige Frau war mit seiner Buchhaltung beauftragt und blies mit den Worten: »Das lassen wir uns nicht gefallen!« zum Angriff. Wenn ich mich recht entsinne – solche Gespräche finden ja immer zu späterer Stunde am Tresen statt –, folgte noch das obligatorische »Wollen wir doch mal gucken, wer hier die Hosen anhat«. Um es kurz zu machen: Sie hatte einen Rock an, und er ist nicht der arme Kerl, dem übel mitgespielt wurde, sondern ein Idiot.

Eigentlich sollte man niemanden einen Idioten nennen. Mich ärgern aber diese halbseidenen Geschichten, mit denen man durch seine eigene Zunft in einen Pott geschmissen wird, der klebriger ist als das Haargel, das solche Typen benutzen. Bleiben wir bei den Mythen und Dichtungen, die mich beim Verfassen dieses Buchs mehr beschäftigt haben, als ich für möglich gehalten hätte. Wenn Sie jetzt die Möglichkeit haben, sich ein alkoholisches Getränk zu holen oder zu bestellen, tun Sie das bitte. Für den nachfolgenden Punkt ist das in Ordnung, denn den hält man nüchtern wirklich nicht aus.

T

wie
Talk|show, die

Ich liebe es, spätabends fernzusehen. Man könnte das damit erklären, dass ich tagsüber lange arbeite und erst zu später Stunde dazu komme, mein wohlverdientes Feierabendbier vor der Glotze zu trinken – das wäre aber gelogen. In Wirklichkeit kann ich mit dem Mainstream-Programm um 20.15 Uhr relativ wenig anfangen und weigere mich schlicht, an einer Volksverblödung inklusive Werbeunterbrechungen teilzunehmen. Am späteren Abend, so mein Eindruck, wird es erheblich individueller. Da beginnt zum Beispiel auf RTL 2 um 21.15 Uhr die Sendung *Frauentausch,* und die

ARD kontert eine halbe Stunde später mit dem *report München*. Danach kann man zwischen dem *auslandsjournal* im ZDF und brandheißen Promi-News auf VOX wählen, bis die Talkshow von Markus Lanz beginnt. Die gucke ich sehr gern. Wahrscheinlich weil es wohl die einzige Talkrunde im deutschen Fernsehen ist, in der regelmäßig Menschen sitzen, die jünger sind als Peter Scholl-Latour. Auch am 13. Juni 2013 habe ich diese Sendung verfolgt, und ich möchte Ihnen auf keinen Fall den dort stattgefundenen Dialog zwischen der Fraktionsvorsitzenden des Bündnis 90/Die Grünen, Renate Künast, und dem TV-Restaurant-Tester Christian Rach vorenthalten. Es ging um die bereits erwähnten Steuererhöhungen, die die Grünen durchsetzen wollten, falls sie nach der Bundestagswahl im Herbst in Regierungsverantwortung gekommen wären, und insbesondere um die damit verbundene Schlechterstellung von Unternehmern. Christian Rach, selbst Unternehmer, machte Frau Künast folgende Rechnung auf:

RACH: »Ein kleiner Unternehmer, der 100 000 Euro Gewinn macht ... in den 100 000 Euro Gewinn hat er 200 000 Euro Abschreibungen mit drin, weil er nur 10 Prozent geltend machen kann. So. Dann kriegt er 49 Prozent, äh, Steuern abgezogen, sind also fünfzig – machen wir 'ne Milchmädchenrechnung – sind also 50 000 weg, dann bleiben ihm 30 000 Euro für (unverständliches Stottern) übrig.«
KÜNAST (äußerst verwirrt guckend): »Wieso kriegt er denn 49 Prozent abgezogen?«
RACH: »Er hat doch 100 000 Euro!«
KÜNAST: »Die Einkommenssteuer hat natürlich auch Stufen.«

Ab jetzt fangen beide an, wild durcheinanderzureden. Christian Rach greift die 30 000 Euro wieder auf und stellt aufgeregt »Kranken- und Altersversicherung« mit in den Raum. Renate Künast verteidigt ihre Steuerpläne, kommt aber nicht weiter als: »Was über achtzigtausend ist ...« – Spielleiter Markus Lanz greift ein: »Lassen Sie ihn einmal ausreden, der Mann ist Mathematiker, der kennt sich aus mit Zahlen.« Das Gesicht

Künasts ist in diesem Moment Gold wert. Vielleicht fällt es ihr schwer, Christian Rach nach obiger Rechnung als Mathematiker zu betrachten, vielleicht ist sie einfach genervt davon, die Steuerpläne ihrer Partei bereits verteidigen zu müssen, obwohl es zu diesem Zeitpunkt noch gut drei Monate bis zur Bundestagswahl sind und sich die Fernsehsendung erst in Minute 14 befindet. Renates Nerven liegen blank, und ich stecke mir genüsslich eine Zigarette an. Das kann nur gut werden!

RACH (unter Applaus beginnend): »Was ist daran falsch, wenn der Einzelunternehmer diesen Gewinn ausweist?«
KÜNAST (hektisch gegenhaltend): »Ich kenne ... Zeigen Sie mir mal Leute, die ... Erst mal ist beim Gewinn die Frage, was investieren Sie wieder in Ihr Unternehmen? Und, und, und ... Und was ist Ihr Gehalt, das Sie behalten?«
RACH: »Sie haben als Einzelunternehmer gar kein Gehalt!«
KÜNAST: »Ja, dann schauen wir mal, was behalten Sie für sich?«

LANZ fragt ganz deutlich bei Frau Künast nach: »Es ist doch aber richtig, was er da sagt, oder, Frau Künast?«
KÜNAST (ganz entschieden): »Neee!«
RACH (trotzig): »Natürlich ist das so!«
KÜNAST (erneuter Anlauf): »Die Frage ist doch ...«
LANZ (Oberkörper nach vorn gebeugt): »Aber er ist doch Unternehmer, er weiß das doch.«
KÜNAST (groß gestikulierend): »Was investieren Sie wieder in die Firma? Dann zahlen Sie Ihre Sozialversicherungsbeiträge und, und, und, und dann überhaupt kommt's.«
RACH (ganz ruhig, man merkt, er hat Großes vor): »Was ich in Zukunft in die Firma investiere, kann ich nur über Rückstellungen klären. So. Aber wenn ich jetzt investiert habe, zum Beispiel in den neuen Herd: 20 000, dann kann ich den nur zu 10 Prozent geltend machen, nämlich 2 000 Euro, bleiben 18 000 stehen und werden so behandelt, als wär's mein Geld. Und auf diese 18 000 Euro muss ich in dem Jahr Steuern zahlen. Ich hab' sie aber gar nicht. So. Und wenn Sie die von den 100 000 abziehen, bleiben 80 000 da. Aber Sie versteuern 98 000. So. Dann ziehen Sie 49 Prozent ab, dann

sind es, äh, 49 000, die da weggehen. So. Und dann bleiben Ihnen Pi mal Daumen 30- bis 31 000 Euro.«

Absolute Stille im Publikum. Er hätte genauso gut erklären können, wie man unter Zugabe von Blattgold aus einer Erbsensuppe Steak & Lobster zaubern oder aus Spinat Apfelmus machen kann – auch das hätte niemand verstanden, und man musste sich zu diesem Zeitpunkt schon überlegen, ob der Herr Rach möglicherweise während seiner Karriere als Koch zu oft großer Hitze ausgesetzt war.

KÜNAST (sichtlich schockiert): »Sie sind ... irgendwie brauchen Sie mal einen Steuerberater!«

Großes Gelächter im Publikum. Christian Rach erwiderte, dass er sehr wohl einen Steuerberater habe und Renate Künast eigentlich keine Werbung für diese Berufsgruppe machen wollte. Direkt im Anschluss äußerte sich dann noch Deutschlands Chefphilosoph Richard David Precht (richtig, der Hübsche) über das Schulwesen unserer Republik.

Fazit: Analog zu den Gruselgeschichten über Steuerprüfungen gibt es wohl nirgendwo so viel Durcheinander wie in Talkshows, in denen über Steuern philosophiert wird. Gefährliches Halbwissen bei völliger Ahnungslosigkeit trägt nicht zur Aufklärung der Situation bei, sondern verstärkt eher noch den Eindruck, dass so gut wie keiner, der öffentlich seine Meinung kundtut, auch nur ansatzweise über die Dinge Bescheid weiß, über die er redet.

Hoffentlich holt mich der letzte Satz aus dem Kapitel Talkshow *nicht irgendwann mal ein. Allerdings käme ich auch nie auf die Idee, übers Kochen klugzureden, wenn mir nicht einmal ein Toast Hawaii gelingt. Geschenkt. Wahrscheinlich gibt es auch in diesem Buch Fehler, die mich der Lächerlichkeit preisgeben. Somit zu den nächsten Meinungsverbrechern, die uns seit Bismarck weismachen wollen, dass wir geschützt seien: den Krankenversicherungen. Wer nicht dauerhaft mit Sturzhelm durchs Leben geistert, dem ist bekannt, dass man immer genau gegen die Krankheit, die einen gerade quält, nicht versichert ist. Und genau für diesen Fall hat die Branche neben Budapester Bordellpartys ein weiteres Highlight im Programm. Die Zusatzversicherung.*

U

wie Un|fall|ver|si|che|rung, die

Bevor wir uns dem Irrsinn der kostenpflichtigen Zusatzversicherungen widmen, starten wir mit einem kleinen Exkurs in die Geschichte der gesetzlichen Krankenversicherung. Sie wurde 1883 als erste Leistung des sozialversicherungsrechtlichen Solidarsystems nach einer Grundidee Otto Eduard Leopold von Bismarck-Schönhausens (Rufname: Otto) eingeführt. Es galt seinerzeit, die Arbeiterschaft für den Staat zu gewinnen, und bis heute ist diese Version des Krankheitsschutzes für die breite Bevölkerung nicht nur ein weltweiter Exportschlager, sondern eine soziale Leistung, um die uns viele Länder beneiden. Vereinfacht gesagt, erstattet eine Krankenversicherung Krankheitskosten bis hin zum Lohnausfall oder therapeutische Maßnahmen wie zum Beispiel eine Kur. Für Letztere waren eine Zeit lang ganze Landstriche bekannter, als den Kassen lieb war, denn so eine Kur galt zwischen 1970 und 1990 als Partyurlaub auf Rezept. Inklusive garantierter Verlängerung in der dritten Woche für mindestens zwei weitere. »Morgens Fango, abends Tango« – oder wie man in Bad Oeynhausen sagte: »Morgens Fanta, abends stand a.«

Die Partykur kommt nicht von ungefähr: Das System der Sozialversicherungen – zu denen neben der Krankenversicherung auch die Renten-, Arbeitslosen-, Pflege- und Unfallversicherung zählen – beruht auf der Idee, dass eine breite Masse in Gemeinschaftskassen einzahlt, aus denen im Bedarfsfall Leistungen für den Einzelnen beglichen werden. Natürlich hat man dabei immer das Gefühl, nur zu zahlen und nie etwas in Anspruch zu nehmen. Wenn es dann doch mal zu einer Inanspruchnahme kommt, lässt man es mit dem Hinweis: »Ich habe jahrelang nur gelöhnt« krachen, bis sprichwörtlich der Arzt kommt. Inzwischen sind diese Zeiten vorbei, da heute erstens anstelle von partywütigen Mittfünfzigern nur noch wirklich Kranke in Kur geschickt werden und sich zweitens innerhalb der Kur eher um die Behebung von Krankheiten als um die eines Katers gekümmert wird.

Ich persönlich glaube auch, der Beitrag zur privaten Haftpflicht wäre nur halb so hoch, wenn nicht jeder das runtergefallene Handy eines Kumpels darüber abrechnen würde. Dabei bescheißen wir uns alle selbst. Versicherungen sind reine Mathematik. Man nimmt die Summe der erbrachten Leistungen, teilt sie durch die Mitglieder und erhält so den notwendigen Beitrag. Zuzüglich Risikoaufschlägen, Versicherungssteuer und Rückstellungen für schlechte Zeiten natürlich. Das aber nur am Rande.

Was ist geblieben? Heute erfahren wir nach mehrstündiger Wartezeit beim Kassenarzt, dass die gesetzliche Krankenversicherung außer Hustenbonbons eigentlich nichts mehr bezahlt. Dieser harte

Sparkurs, gemeinsam mit der jahrelang gültigen Praxisgebühr, hat so viel Schotter in die Tresore der Versicherungen gespült, dass sie überlegen, einen Teil des Geldes an die Beitragszahler zurück zu überweisen. Denn in mehr als *einem* Glaspalast kann man bekanntlich nicht residieren. Das Geld könnten wir gut gebrauchen, denn ohne mindestens fünf Zusatzversicherungen bekommt man heutzutage nicht mal mehr die Mandeln im Liegen und mit Narkose rausgenommen. Unfall, Zähne, Krankengeld – alles muss zusätzlich bezahlt werden, um ein Mindestmaß an Erträglichkeit zu gewährleisten. Ottos Idee ist zum Opfer ihrer selbst geworden. Macht man die Schleusen auf, scheint die Selbstbedienung keine Grenzen zu kennen. Schließt man sie rigoros, kann man sich den ganzen Quatsch gleich sparen.

Fazit: Vor Abschluss einer Zahnzusatzversicherung sollte man das nächste Schützenfest abwarten. Dort ergibt sich erfahrungsgemäß immer die Möglichkeit, um an eine neue Kauleiste zu kommen. Vorausgesetzt, Ihr Gegenüber ist versichert.

Reich müsste man sein. Dann könnte man sich privat versichern und wäre alle Sorgen los. Aber macht Geld wirklich glücklich? Und ganz unabhängig davon: Ab wann ist man eigentlich reich? Merkt man das selbst, oder müssen einen erst andere darauf hinweisen? Welche Verpflichtungen bringt es mit sich, und wie viele davon sind steuerlicher Natur? Und, ganz wichtig: Was sagen Renate Künast und Christian Rach dazu, dass man Geld nicht essen kann?

V

wie
Ver|mö|gens|steu|er, die

Einmal im Jahr liegt die Sonderausgabe »Die 500 reichsten Deutschen« des *manager magazins* in meinem Briefkasten. Diese Rangliste war mal so etwas wie meine Arbeitsgrundlage. Damals verkaufte ich Luxusjachten an Millionäre, die so viel Vermögen angehäuft hatten, dass sie sich Schiffe leisten konnten, die eigentlich kein Mensch brauchte. Denn sind wir mal ehrlich: Die Kontinente sind weitestgehend entdeckt, und selbst wenn einer meiner ehemaligen Kunden auf die Idee gekommen wäre, nachzugucken, ob es dieses Amerika wirklich gibt, wäre er mit seinem Schiff von Mallorca aus da nicht hingekommen. Dafür hätte das Tankvolumen nicht gereicht. Das ist für mich Reichtum: sich Dinge leisten zu können, ohne über ihren Sinn nachzudenken. Aber lässt sich Reichtum auch in Zahlen ausdrücken? Ich hatte Kunden, deren Vermögen im *manager magazin* mit knapp 3 Milliarden Euro geführt wurde, aber auch solche, die »nur« gut 200 Millionen schwer waren und trotzdem Schiffe der gleichen Größenordnung fuhren. Sie hatten demzufolge zwar unterschiedliche Vermögen, waren aber gleich reich.

In der Liste der reichsten Deutschen wird zu Beginn erklärt, woraus sich das (geschätzte) Vermögen der einzelnen Leute zusammensetzt: Immobilien, Unternehmensbeteiligungen, Kunstsammlungen und so weiter. Aus dem Jachtgeschäft bin ich mittlerweile ausgestiegen, aber ein paar dieser Leute kenne ich noch persönlich. Bei keinem von ihnen wurde das Vermögen richtig geschätzt. Ich habe auch Menschen aus der Aufstellung kennengelernt, denen ich privat keine 50 Euro leihen würde. Vermögen ist also eine Definitionssache.

Aber ab wann gilt man nun offiziell als reich? Repräsentative Umfragen zeigen regelmäßig auf, dass man mit einem monatlichen Verdienst von 9 000 Euro als reich gilt.[16] Stimmt das? Um diese Frage hat sich das Institut der deutschen Wirtschaft gekümmert. Laut dessen Berechnungen gehört man zu den oberen 10 Prozent, wenn man als Single monatlich mindestens 3 009 Euro ausgeben kann. Eine Familie mit zwei Kindern braucht 6 319 Euro und ein Ehepaar 4 514 Euro, um dazuzugehören. Von solchen Haushalten gibt es angeblich vier Millionen in Deutschland. Um zu dem obersten Prozent der Vielverdiener zu gehören, braucht ein Single 6 051 Euro im Monat.

Alles in allem sind das komische Grundlagen, um so etwas wie Reichtum zu bestimmen. Gefühlt, geschätzt oder durch krude Berechnungen irgendwelcher Institute per Definition festgelegt – für mich ist und bleibt Reichtum doch etwas sehr Individuelles. Doch immer wieder spielt die Politik mit diesem Reizbegriff, um sich durch die öffentliche Meinung eine Steuer zu legitimieren, deren Bestand 1997 eigentlich abgeschafft wurde: die

Vermögenssteuer. In der Antike erfunden, war sie bis ins späte Mittelalter die vorherrschende Form der Besteuerung und wurde auf Grundbesitz, Sach- und Geldvermögen erhoben. Ab dem 15. Jahrhundert verständigte man sich zunehmend auf die Besteuerung von Einkommen, und 1995 stellte das Bundesverfassungsgericht fest, dass eine Besteuerung ab einer gewissen Substanz an Vermögen nicht mit dem Gleichheitsgrundsatz vereinbar sei. Und damit ist im Grunde genommen alles gesagt.

Mal unabhängig von der Bemessung: Reichtum zu erlangen ist gar nicht so einfach. Da der Staat aber darauf angewiesen ist, dass seine Bürger Geld erwirtschaften, unterstützt er dieses Treiben, indem er dafür sorgt, dass die Aufwendungen dafür in der Steuererklärung geltend gemacht werden können. Das soeben erwähnte Abonnement des manager magazins *ist ein gutes Beispiel dafür. Solche Ausgaben, die zur Erwerbung, Sicherung und Erhaltung der Einnahmen dienen, heißen im Einkommenssteuergesetz Werbungskosten.*

W

wie Wer|bungs|kos|ten, die

Werbungskosten sind keine Steuervergünstigungen im klassischen Sinne, sondern folgen der Logik des Nettoprinzips, wonach nur das vorhandene Netto- und nicht das Bruttoeinkommen besteuert werden darf. Heißt: Bevor das Finanzamt zuschlägt, dürfen Sie von dem zu versteuernden Betrag Ihre Unkosten abziehen. Das funktioniert bei Einkünften aus nicht selbstständiger Arbeit ebenso wie bei Einkünften aus Kapitalvermögen, Vermietungen/Verpachtungen sowie bei *Sonstigen Einkünften* (Paragraf 22 EStG). Liest man sich in Steuer-Fachliteratur ein und sucht nach Beispielen für diese

Sonstigen, findet man dort häufig Ausführungen zur gelegentlichen Vermittlung von Versicherungen. Aha. Wer kennt das nicht? Es klingelt an der Tür, man öffnet und wird von einem Kfz-Mechaniker nach den Worten: »Gelegentlich vermittele ich auch Versicherungen« gefragt, ob der Hausrat nicht eventuell unterversichert sei. Interessanterweise fallen auch die Bezüge von Abgeordneten unter *Sonstige Einkünfte.* Die Abgeordnetentätigkeit kommt wohl eher einer Freizeitgestaltung mit beruflichem Hintergrund als richtiger Arbeit gleich. Sei es drum, es handelt sich wie bei den anderen Einkunftsarten auch um Überschusseinkünfte, und die Werbungskosten sind vergleichbar mit den Betriebsausgaben bei Gewinneinkünften. Um es an meinem Beispiel klarzumachen: Ich habe selbstständig als Gewerbetreibender Jachten verkauft, und der Erwerb des Verzeichnisses der »500 reichsten Deutschen« war eine Betriebsausgabe und hat meinen Gewinn gemindert. Hätte ich als angestellter Jachtbroker die Schiffe vermittelt, wäre das Magazin in den Bereich der Werbungskosten gefallen. Zumindest hätte ich versuchen können, dies so anzusetzen. Es gibt zahlreiche

Gerichtsurteile, in denen darüber entschieden werden musste, ob bestimmte Ausgaben rein beruflicher oder auch privater Natur gewesen sein könnten. Ein beliebter Streitfall ist Arbeitskleidung. Die Robe eines Richters oder die Cordhosen eines Zimmermanns sind eindeutig und können maximal an Karneval privat getragen werden. Der Frack eines Kellners hingegen könnte sich auch für den Opernbesuch eignen. Gleiches gilt für das Kostüm einer Chefsekretärin. Hier ist die Abgrenzung zwischen beruflicher und privater Nutzung schwierig. Möglicherweise hilft es, sich den Firmennamen ans Revers zu sticken. Dann sieht man allerdings aus wie ein »Taxofit«-beplankter Bundesligatrainer, der zur Oper passt wie Stadionwurst zu Wagners *Tristan und Isolde*.

Die Königsdisziplin der Werbungskosten ist das häusliche Arbeitszimmer. Ein Arbeitszimmer ist ein Raum, in dem eine Tätigkeit ausgeübt wird, die mit einer steuerlichen Einkunftsart in Zusammenhang steht.

Egal, wie gut Sie im Bett sind: Das Schlafzimmer gehört nicht mit dazu! Es sei denn, Sie arbeiten als Prostituierte im Angestelltenverhältnis oder als »Gelegentliche« mit sonstigen Einkünften. Ansonsten ist zu berücksichtigen, dass man das Arbeitszimmer im Grundriss der Wohnung (oder des Hauses) finden können muss. Der Scherz: »Analog zum Bernstein-Zimmer« erntet beim Finanzamt in der Regel keine Lacher. Außerdem muss sichergestellt werden, dass neben der beruflich bedingten Nutzung nicht noch zufälligerweise ein Kind in dem Zimmer schläft, es an einen Studenten untervermietet ist oder mittags darin gekocht wird. Sind diese Voraussetzungen erfüllt, können jährlich bis zu 1250 Euro in der Steuererklärung dafür geltend gemacht werden. Um auf Nummer sicher zu gehen, kann man zur Erfassung der Nutzung eine Stechuhr installieren – meinetwegen auch im Schlafzimmer.

Ich kann mich noch sehr gut an den ersten Satz dieses Buches erinnern. Mittlerweile kommen wir langsam zum Ende, und ich weiß nicht, wie es Ihnen ergangen ist, aber Sie sind mir schon richtig ans Herz gewachsen. Ehrlich gesagt, weiß ich noch gar nicht, mit wem ich mich in Zukunft über diesen ganzen Belege- und Steuerwahnsinn unterhalten soll. Möglicherweise hat mir meine Frau inzwischen verziehen, wobei ich mir relativ sicher bin, dass ich meine Arbeitswohnung in Berlin dichtmachen muss. Mein Sohn wird mit seinen acht Jahren auch wenig Verständnis dafür aufbringen, dass ich mir Sorgen um die Besteuerung von Vermögen mache, solange er noch kein eigenes iPhone hat. Und was wird meine Steuerberaterin wohl zu dem Buch sagen? Wird mich Angela Merkel anrufen? Und wenn ja, was soll ich ihr dann sagen? »Nicht böse sein, Mutti. Das war doch alles nur ein riesengroßer Spaß.« Darf ich in Zukunft überhaupt noch als Autor fürs Fernsehen arbeiten, oder schmeißen mich RTL & Co. in hohem Bogen raus? Was passiert, wenn ich auf Christian Rach treffe? Lädt mich Markus Lanz noch in seine Talkshow ein, oder habe ich mir das jetzt alles wegen ein paar Seiten öffentlichen Nachdenkens über Abgaben, Steuern und Belege verwirkt? Es ist an der Zeit, ein Fazit zu ziehen.

X

wie X für ein U, vormachen

Worüber reden wir hier eigentlich? Wir reden über einen mitteleuropäischen Bundesstaat namens Deutschland, dessen Hauptstadt Berlin ist und der insgesamt 80,4 Millionen Menschen eine Heimat bietet. Ob davon jeder Einzelne glücklich ist oder nicht, kann ich nicht beurteilen. Was ich aber weiß, ist, dass man in diesem Land großartige Voraussetzungen dafür findet. Wenn man überlegt, dass die Wirrungen des Zweiten Weltkrieges gerade einmal neunundsechzig Jahre und die unvorstellbaren Aufgaben der Wiedervereinigung auch erst vierundzwanzig Jahre hinter uns liegen, muss man eigentlich auf die Straße rennen und laut schreien: »Ist das geil, hier zu leben!« (Was ich auch gerade im Selbstversuch tat, aber, ehrlich gesagt – die Leute haben mich etwas seltsam angeguckt.) Ich habe null Verständnis für diese ganzen Nörgler, Pessimisten und Schwarzmaler, die mir immer wieder ein X für ein U vormachen wollen. Ich gehöre einer Generation an, die die Geschichte im Blick haben muss, vor allem aber die Aufgabe hat, die Zukunft zu gestalten und sich an ihr zu erfreuen. Es gibt genügend Gründe zur Freude. Lassen Sie mich folgende Rechnung aufmachen[17]:

1. Im Jahr 2012 belief sich das Bruttoinlandsprodukt Deutschlands auf zwei Billionen und sechshundertfünfundvierzig Milliarden Euro. Oder als Zahl: 2 645 000 000 000 Euro Bruttoinlandsprodukt.
2. Im gleichen Jahr nahm unser Land inflationsbereinigt sechshundertdreizehn Milliarden und fünfhundertdreißig Millionen Euro an Steuern ein. Oder wieder als Zahl: 613 530 000 000 Euro Steuereinnahmen.

3. Die Staatsschulden betrugen zwei Billionen und zweiundsiebzig Milliarden Euro. Also 2 072 000 000 000 Euro Staatsschulden.
4. Dem stand ein Reinvermögen in Form von Bargeld, Immobilien und Gebrauchsgegenständen der Bundesbürger von zehn Billionen und vierhundertneunundzwanzig Milliarden Euro gegenüber. Sehr gern auch wieder als Zahl: 10 429 000 000 000 Euro Reinvermögen.

Das ist sozusagen unser Haushaltsbuch. Denn nicht »die da oben« haben das erwirtschaftet, bezahlt oder angespart, sondern wir alle zusammen. 80 Millionen und 400 000 Bundesbürger waren irgendwie daran beteiligt. Sei es als Baby, das in mit 19 Prozent Umsatzsteuer belegte Windeln geknattert, als Jugendlicher, der die Kohle seines Ferienjobs auf den Kopf gehauen, oder als Großindustrieller, der zweitausend Menschen beschäftigt hat: Die oben genannten Zahlen sind eine Gemeinschaftsleistung. Was entfällt davon im Schnitt auf jeden Kopf?

32 889	Euro Wirtschaftsleistung
7 631	Euro Steuern
25 771	Euro Schulden
129 714	Euro Vermögen

Während Wirtschaftsleistung und Steuern Jahr für Jahr in dieser Höhe erzielt werden, verändern die Schulden und das Vermögen ihren Wert. Will heißen, dass zwar jeder von uns Bundesbürgern jährlich gut 7 500 Euro Steuern zahlt, aber nicht wiederkehrend in Höhe von gut 25 000 Euro an den Staatsschulden beteiligt ist. Position vier ist im Übrigen bereits von privaten Schulden bereinigt. Halten Sie mich für einen Traumtänzer, aber ich finde, diese Bilanz schlägt sich nicht so schlecht. Zumindest deutlich besser als die letzte von Anton Schlecker.

Klar, wo viel Licht ist, fällt auch Schatten. »Das Vermögen ist in Deutschland ungerecht verteilt«, hört man zurzeit allen Ortes. Als Betroffener, der nicht mal ansatzweise über ein Reinvermögen von 129 714 Euro verfügt, kann ich dazu nur sagen, dass Vermögen nicht verteilt wird. Man erarbeitet es sich, bekommt es vererbt oder gewinnt im Lotto.

Fürs Erbe oder das Glück, 6 aus 49 Zahlen zu treffen, kann man bekanntlich nichts – für alles andere stehen jedem von uns 24 Stunden täglich zur Verfügung. Mir ist jedenfalls nicht bekannt, dass die Sonne für einen Multimillionär früher aufgeht als für andere. Von einer derartigen Chancengleichheit träumen ganze Bevölkerungen anderer Länder, und sie riskieren ihr Leben dafür, um sie zu erlangen. Gleichzeitig verstopfen in Deutschland Berufsnörgler die Talkshows, anstatt zufrieden zu sein mit Verhältnissen, die anderswo – auf dem Tahrir-Platz in Kairo etwa – vor Kurzem mit literweise Blut bezahlt werden mussten. Trotzdem bleibt es natürlich ein Fakt, dass 10 Prozent der Bevölkerung über 50 Prozent des Vermögens besitzen. Das ist aber keine Frage der Ungerechtigkeit. Oder standen diese 10 Prozent auf einem Marktplatz und haben sich vorgedrängelt, als Vermögen verteilt wurde? Nein. Sie haben es sich in erster Linie unter denselben Bedingungen erarbeitet, die neben der Tageslänge allen anderen 80 Millionen Bundesbürgern zur Verfügung stehen. Die Frage muss sein, wie wir sinnvoll damit umgehen.

Statistiken – Vermögen pro Kopf, Schulden pro Kopf und so weiter – sind eigentlich der letzte Mist. Nehmen Sie einen Millionär und einen Bettler. Statistisch gesehen, hat jeder eine halbe Million. Schulden lassen sich zudem genauer erfassen als Vermögen. Denn außer Geldvermögen sind alle anderen in Zahlen ausgedrückten Werte stark davon abhängig, was Dritte bereit sind, dafür zu bezahlen. Nicht jeder Millionär hat eine Million Bargeld auf dem Konto; er kann auch über eine wertvolle Immobilie verfügen. Was passiert aber, wenn niemand bereit ist, sie ihm abzukaufen, zum Beispiel infolge einer Wirtschaftskrise? Dann kann er sich sein *Vermögen* in die gegelten Haare schmieren. Trotzdem brauchen wir diese Berechnungen, um unsere Situation zu erfassen. Und die ist, wie eingangs bereits erwähnt, besser, als manche uns glauben machen wollen.

Wir sind als Gemeinschaft, mit unserer Tatkraft und der gleichzeitigen Bereitschaft auf Verzicht, besser als alle anderen durch die Wirtschafts- und die Finanzkrise 2008 und 2009 gekommen. Im Grunde genommen muss man sie, genauso wie die

Folgen des Zweiten Weltkrieges und der Einheit, als unvorstellbare Belastung bewerten, in der Staaten mit dem Geld ihrer Bürger eine Welt retten mussten, die es so nie hätte geben dürfen. Wir sind geschichtlich noch zu nah dran, um die Dimension zu begreifen. Ich stehe zwar der SPD nicht nahe, muss aber in diesem Zusammenhang Gerhard Schröder zu seiner Agenda-Politik beglückwünschen, ohne die wir bei Weitem nicht so gut dastünden. Aber Gerhard Schröder ist der SPD dadurch ja genauso fern wie ich. Wir alle leisten wirklich Großes. Und vor allem: friedlich. So etwas wie die Finanzkrise hätte vor nicht allzu langer Zeit einen weiteren Weltkrieg ausgelöst. Danach wären zwar die Staatsschulden weg oder entwertet, böse Banken ausgebombt und nervige Nachbarn mit Geldproblemen ausradiert gewesen, der Stimmung hätte es aber nicht gutgetan. Dieses Mal haben wir und andere Staaten den Konflikt mit Geld geregelt. Das ist zunächst einmal ein Fortschritt, stellt uns aber vor ganz neue Herausforderungen. Die da wären:

Unsere Staatsschulden belaufen sich auf gut 80 Prozent des Bruttoinlandsprodukts, also unserer Wirtschaftsleistung. Das ist volkswirtschaftlich betrachtet in Friedenszeiten zu viel: 60 Prozent gelten in Industriestaaten als normal. Nun rettet uns zwar bei der Betrachtung unser Volksvermögen, das sich auf das Fünffache unserer Schulden beläuft, trotzdem fallen erhebliche Zinsen für die Verschuldung an. Jeder achte Steuereuro wird von Bund, Ländern und Gemeinden für die Zahlung von Kreditzinsen verbraucht. Das macht in Summe 54 500 000 000 Euro jährlich. Mit diesen 54,5 Milliarden können wir dank historisch niedriger Zinsen und der hohen Kreditwürdigkeit unseres Landes richtig glücklich sein. Die Anhebung der Kreditzinsen um nur 1 Prozent würde bedeuten, dass allein der Bund jährlich rund 13 Milliarden Euro mehr aufwenden müsste. Und in diesen Zahlen ist noch nicht 1 Euro für die Tilgung der Schulden enthalten. Anderen Staaten geht es ähnlich beziehungsweise schlechter. Die Schulden von heute sind also die Steuern von morgen. Bei steigenden Kreditzinsen (von denen auszugehen ist) verlieren die Staaten die Spielräume, um ihren eigentlichen Aufgaben nachzukommen – wie der Gewährleistung innerer und äußerer Sicherheit, der Bildungsförderung und der sozialen Absicherung seiner Bürger. Er wird sozusagen vom Gift des Geldes gelähmt. Eigentlich bräuchte es in der jetzigen Situation gar keine Atomraketen mehr, um einen Staat anzugreifen – man könnte ihn und seine Bevölkerung stattdessen durch die Verwehrung neuer Kredite finanziell ausbluten lassen. Noch sitzen wir alle in einem Boot, und die Staatsoberhäupter solidarisieren sich mit gegenseitigen Rettungsbekundungen – innerhalb einzelner Bevölkerungen merkt man aber bereits, dass das nicht von allen gewollt ist und sich nationale Vorbehalte breitmachen. Was bedeutet das?

Ganz klar: Eine zweite Finanz- oder globale Wirtschaftskrise überleben wir nicht. Zumindest nicht friedlich. Im Grunde genommen stehen wir jetzt den gleichen Herausforderungen gegenüber, in deren Folge Gerhard Schröder die Agenda 2010 einführte. Ein krankes System droht zu kollabieren und muss radikal umgebaut werden, bevor es zu spät ist. Also jetzt. Wir müssen unseren Speckgürtel einsetzen, um fit für die Zukunft zu sein. Denn es geht um wesentlich mehr als darum, dass unsere Kinder später unsere Schulden zahlen müssen – wenn wir uns heute nicht kümmern, gehen sie sich später zwangsläufig an die Gurgel. Was also müssen wir tun?

Ganz einfach. Frau Merkel, wenn Sie mitlesen: Ich biete verbindlich an, anteilig meine und die Staatsschulden meines Sohnes zu bezahlen. Macht zusammen 51 542 Euro. Meine Frau ist emanzipiert genug, selbst zu zahlen. Im Gegenzug erlassen Sie mir und meinem Sohn (und klar, auch meiner Frau) für den Rest unseres Lebens dauerhaft 9 Prozent der jährlichen Steuerschuld. Das entspricht ungefähr dem Betrag, den Sie zum jetzigen Zeitpunkt für unsere Pro-Kopf-Schulden an Zinsen zahlen. Und da ich ein Freund glatter Zahlen bin und als ehemaliger Verkäufer weiß, was bei den Leuten gut ankommt, würde ich Ihnen empfehlen, die lebenslange Steuerreduzierung bei Begleich der Pro-Kopf-Staatsschulden auf 10 Prozent aufzurunden. Bieten Sie das auch Unternehmen an! Begleicht eine Firma die Staatsschulden ihrer Mitarbeiter, reduziert sich die Steuerlast dauerhaft um 10 Prozent. Volkswagen allein zahlte 2010 4 000 Euro, 2011 7 500 Euro und 2012 7 200 Euro Erfolgsbeteiligung an jeden seiner über hunderttausend Mitarbeiter. Hätten die darauf verzichtet und ihr Arbeitgeber zur Zukunftssicherung deren Staatsschulden bezahlt, müsste die dauerhafte Steuerentlastung natürlich zu deren Gunsten ausfallen. Die Unternehmen sitzen zurzeit auf unglaublichen Summen Bargeld, wissen nicht, wohin damit, kriegen keine Zinsen und fürchten sich vor Inflation. Bevor das Zeug nichts mehr wert ist, sollte man ihnen Anreize bieten, die Staatsschulden im Namen ihrer Mitarbeiter zu zahlen. Das System könnte man weltweit anwenden. Apple & Co. sitzen auf den Milliardenbeträgen ihrer Briefkasten-Oasen und könnten mit diesem Modell ihre Zukunft sichern. Denn wenn die Kanonen erst mal ballern, dürften sich naturgemäß weniger Leute für das neue iPhone 6 als für das Auffinden eines Luftschutzbunkers interessieren. Das ist der einzige Weg, an die großen Vermögen zu kommen. Es muss ein sinnvolles Investment sein.

Es ist eine Herausforderung, und sie verlangt zum wiederholten Male Einschnitte. Wenn sich an dieser Aktion aber alle beteiligen und jeder von uns seine anteiligen Staatsschulden selbst bezahlt, sie sich von seinem Chef gegen Verzicht auf Urlaubs- und Weihnachtsgeld bezahlen lässt oder große Vermögen nicht personengebunden in den Topf einzahlt und einen lebenslangen Steuerdeal für sich und die nachfolgenden Generationen zugesichert bekommt, ist das ein Zukunftsprogramm der Extraklasse. Oder, wie mein Vater immer sagt: »Ich gebe gern mit warmer Hand!«

Fazit: Wir müssen radikal denken und handeln. Eine schrittweise Zurückzahlung der Schulden, zögerliche Haushaltskonsolidierung und der Plan, durch das dauerhafte Besteuern von Vermögen die dafür notwendigen Einnahmen zu generieren, wird uns nicht vor der nächsten Krise retten.

Unser Land hat dank Ludwig Erhard den Zweiten Weltkrieg auch wirtschaftlich überlebt, dank Helmut Kohl die Einheit gestemmt und ist dank Gerhard Schröders Agenda-Politik weitaus weniger angeschlagen als der Rest Europas. Weltweit gelten wir als Vorbild für Disziplin, und unsere Wirtschaftskraft ist legendär. Wir sind einfach gut. Das muss man auch mal sagen dürfen.

Lassen Sie uns den nächsten Schritt gehen! Wir zahlen unsere Schulden zurück. Und zwar auf einen Schlag.

Hoffentlich liest mein Banker nicht mit. Sonst will der sein Geld auch wiederhaben. Übrigens habe ich keine Ahnung, ob mein Vorschlag zum Begleichen der Staatsschulden rechtlich überhaupt funktioniert, aber die Gedanken sollten frei bleiben. Sehen Sie mich einfach als jemanden, der laut vor sich hin philosophiert und im Zweifel über die Freiheit verfügen möchte, zu sagen, dass es der Wein war, der ihn redselig machte. So wie Franz Josef Wagner von der BILD, *der in seiner Kolumne »Post von Wagner« berauscht selbst an Neonröhren schreiben kann, ohne dass es ihm jemand übel nimmt. Die* BILD *gönnt sich diesen Freigeist, der wohl bei jeder anderen Publikation nur unter ärztlicher Aufsicht an eine Tastatur dürfte, mit seinen erfrischenden Kommentaren zum Weltgeschehen aber regelmäßig für die Erweiterung des eigenen Horizonts sorgt.*

Y

wie un|ter|neh|mer|isch|e Frei|heit, die

Jeder, wirklich *jeder*, dem ich im Vorfeld von diesem Buch erzählte, fragte mich triumphierend: »Und was willst du bei Y schreiben?!?«

Hier die Antwort: Gar nichts.

Ich begreife es nach 15 Jahren als meine unternehmerische Freiheit, nicht mehr alles nur des Tuns wegen zu tun. Y ergibt keinen Sinn. Es ist ein doofer Buchstabe. Im ursprünglichen Alphabet der Lateiner war er nicht mal enthalten, er wurde erst 600 Jahre später eingeführt.

Es ist an der Zeit, Auf Wiedersehen zu sagen. Oder noch besser: Auf Wiederlesen. Es war mir eine Ehre und Freude zugleich, mit Ihnen gemeinsam das ABC der Abgaben nach Perlen des Irrsinns zu durchforsten. Um nicht zu konservativ aus dieser Nummer hinauszugehen, erlaube ich mir beim letzten Buchstaben, dieses viel gelobte Internet zu bemühen. Dafür habe ich extra mein dunkelblaues Sakko ausgezogen und ein T-Shirt übergestreift. Verrückte Welt. Hätte ich das mal vorher gemacht. Wochenlange Bibliotheksrecherchen, das Studium des Almanachs Steueraufkommen 2012 *und seitenweise Ausdrucke der Munzinger Datenbank hätte ich mir sparen können. Im Internet findet sich einfach alles. Bei Amazon.de kann man sich zum Beispiel eine Kiste Gebirgsquellwasser aus Norwegen und den passenden Sack Blumenerde dazu bestellen. Das nenne ich innovativ!*

Hat Ihnen mein Buch gefallen, erzählen Sie es bitte weiter. Falls nicht, schreiben Sie es bei Christian Rach ins Gästebuch.

AUF WIEDERSEHEN.
IHR

JENS WESTERBECK

Z

wie Zi|tat|recht; das

[1] http://www.stern.de/politik/deutschland/stern-rtl-wahltrend-gruene-punkten-trotz-steuerkonzept-2007422.html, abgerufen am 26.09.2013

[2] http://www.zeit.de/2013/19/uli-hoeness-interview/seite-6, abgerufen am 26.09.2013

[3] http://www.stern.de/wirtschaft/news/steueraffaere-der-fall-hoeness-2021596.html, abgerufen am 06.06.2013

[4] http://www.focus.de/sport/fussball/wegen-steuerhinterziehung-amtsgericht-landshut-erlaesst-strafbefehl-gegen-

rummenigge_aid_1108213.html, abgerufen am 22.09.2013

5 http://www.rundfunkbeitrag.de/haeufige_fragen/#allg_wie_hoch_sind_die_einnahmen, abgerufen am 16.10.2013

6 http://www.duden.de/rechtschreibung/Hintertuer, abgerufen am 24.09.2013

7 Alle Zahlen: Statistisches Bundesamt. www.destatis.de, abgerufen im Zeitraum von Juni bis Oktober 2013

8 http://www.stern.de/politik/deutschland/joachim-gauck-im-stern-interview-wer-steuern-hinterzieht-verhaelt-sich-asozial-2004725.html, abgerufen am 26.09.2013

9 »Der Milliarden Trick«, *Stern,* Ausgabe Nr. 24 vom 06.06.2013

10 Alle Zahlen: Bundesministerium für Finanzen, Arbeitskreis Steuerschätzung, Ergebnis der 142. Sitzung, veröffentlicht am 08.05.2013

11 Broschüre »Geburten in Deutschland«, Ausgabe 2012, herausgegeben vom Statistischen Bundesamt

12 http://de.wikipedia.org/wiki/Luxussteuer, abgerufen am 16.10.2013

13 http://www.mieterbund.de/pressemitteilung.html?&no_cache=1&tx_ttnews[tt_news]=21891&cHash=71ae229ff77936770c5a1675986ef50c, abgerufen am 26.09.2013

14 »Nichts mehr tutti paletti«, *Berliner Zeitung* vom 10.09.2002

15 http://www.sueddeutsche.de/geld/mehrwertsteuer-politisch-verminte-ausnahmen1.1730161, abgerufen am 24.09.2013

16 http://www.sueddeutsche.de/geld/vermoegen-in-deutschland-bin-ich-reich-1.1698974, abgerufen am 16.10.2013

17 Alle Zahlen: Statistisches Bundesamt. www.destatis.de

Dank

Mein Dank geht an Jürgen Bangert von Radio NRW, der es mir ermöglichte, bereits Anfang 2010 mit meinem Format *Herr Westerbeck und seine Belege* on air über Steuern, Abgaben und den alltäglichen Wahnsinn im Sollbereich unserer Girokonten öffentlich zu philosophieren.

Ebenfalls bedanke ich mich bei Markus Naegele vom Heyne Verlag, der sich bei einundvierzig kleinen Weizen, drei Wodka und einem Schokotörtchen von mir überreden ließ, daraus ein Buch zu machen. Oskar Rauch vom selbigen Verlag hat das Projekt dann so gut betreut, dass es trotz dieser Menge an Alkohol auch wirklich eins wurde. Dafür ebenfalls besten Dank und die berechtigte Frage: »Jungs, wer von euch beiden hat eigentlich den Bewirtungsbeleg eingereicht?«

Vielen Dank an Sabine Buss von Random House Audio, die mit ihrem unermüdlichen Einsatz den großartigen Oliver Kalkofe mit vorgehaltener Waffe in eine Sprecherkabine gezerrt und zum Vorlesen gezwungen hat. Respekt, Sabine!

Lieber Oliver Kalkofe: Ich kann mich an *Kalkofes Mattscheibe* noch besser erinnern als an meinen ersten eigenen Fernseher. Seinerzeit lief das unverschlüsselt auf *Premiere,* und ich habe wirklich nicht eine Folge verpasst. Du bist mein Held, und dass du heute mein Buch vertonst ist einfach unvorstellbar – danke!

Jens Westerbeck *wurde 1977 in Bünde, Ostwestfalen, geboren. Nach seiner Ausbildung zum Kaufmann machte er sich 2000 als Unternehmer selbstständig und arbeitete von 2005 bis 2010 als Jachtbroker. Seit 2010 ist er freier Autor (u.a. für Atze Schröder) und Schriftsteller.*

www.westerbeck.de

Jens Westerbeck

@jenswesterbeck